MANDADO DE SEGURANÇA NA JUSTIÇA DO TRABALHO

EVANNA SOARES

*Doutora em Ciências Jurídicas e Sociais.
Mestra em Direito Constitucional.
Pós-Graduada (Especialização) em Direito Processual.
Procuradora Regional do Ministério Público do Trabalho.*

MANDADO DE SEGURANÇA NA JUSTIÇA DO TRABALHO

EDITORA LTDA.

© Todos os direitos reservados

Rua Jaguaribe, 571
CEP 01224-001
São Paulo, SP — Brasil

Fone (11) 2167-1101

LTr 4291.3
Janeiro, 2011

Visite nosso site
www.ltr.com.br

Dados Internacionais de Catalogação na Publicação (CIP)
(Câmara Brasileira do Livro, SP, Brasil)

Soares, Evanna
    Mandado de segurança na justiça do trabalho / Evanna Soares. — São Paulo : LTr, 2011.

    Bibliogafia.
    ISBN 978-85-361-1644-0

    1. Mandado de segurança — Brasil 2. Mandado de segurança — Leis e legislação — Brasil I. Título.

10-099939   CDU-347.919.6:331(81)

Índice para catálogo sistemático:

1. Brasil : Mandado de Segurança : Processo trabalhista   347.919.6:331(81)

HOMENAGEM

*Aos meus pais,
João Batista Luzardo Soares e
Maria Nunes Costa Soares,
vivos sempre no meu coração.*

AGRADECIMENTO

Ao Prof. Dr. Martônio Mont'Alverne Barreto Lima (UNIFOR), pela orientação à dissertação que originou este livro.

DEDICATÓRIA

Aos meus sobrinhos Aíla, João Neto, Rafaela, Victor, Felipe e Francisco, para que não deixem de cultivar os estudos plantados pela vovó Maria.

SUMÁRIO

NOTA DA AUTORA 13

PREFÁCIO 15

INTRODUÇÃO 19

1. OS DIREITOS FUNDAMENTAIS DOS TRABALHADORES NA CONSTITUIÇÃO DA REPÚBLICA DE 1988 25

    1.1. Os direitos humanos dos trabalhadores nas Convenções da Organização Internacional do Trabalho 26

    1.2. Os direitos trabalhistas, como direitos fundamentais, na Constituição da República de 1988 27

        1.2.1. Direitos fundamentais dos trabalhadores 29

            1.2.1.1. Específicos 30

            1.2.1.2. Inespecíficos alçados às relações de trabalho 32

            1.2.1.3. Inespecíficos não trabalhistas 33

        1.2.2. O problema da realização dos direitos sociais e os direitos fundamentais trabalhistas nas relações privadas 34

2. INTERPRETAÇÃO CONSTITUCIONAL DOS DIREITOS FUNDAMENTAIS DOS TRABALHADORES 45

    2.1. Os direitos fundamentais sob o paradigma social: o Estado do Bem-Estar Social ... 45

    2.2. A Constituição dirigente e a crise do constitucionalismo social 48

    2.3. Interpretação democrática e realização dos direitos fundamentais dos trabalhadores 57

3. O MANDADO DE SEGURANÇA COMO VIA DE DEFESA JUDICIAL DOS DIREITOS FUNDAMENTAIS DOS TRABALHADORES PERANTE A JUSTIÇA DO TRABALHO 65

    3.1. O mandado de segurança como instrumento de defesa dos direitos fundamentais dos trabalhadores 65

        3.1.1. Mandado de segurança individual 71

        3.1.2. Mandado de segurança coletivo 72

            3.1.2.1. O papel dos sindicatos 74

    3.2. Mandado de segurança e competência da Justiça do Trabalho 77

3.2.1. Situação anterior à Emenda Constitucional n. 45, de 30 de dezembro de 2004 78

3.2.1.1. Critérios para definição da competência 79

3.2.1.2. A jurisprudência ignorada do Supremo Tribunal Federal 80

3.2.1.3. Entendimento dominante na Justiça do Trabalho e a mitigação do mandado de segurança 82

3.2.1.4. Posição da doutrina 83

3.2.2. Competência da Justiça do Trabalho para o mandado de segurança segundo o novo art. 114, IV, da Constituição da República 84

3.2.2.1. Prevalência do critério material 84

3.2.2.2. O critério da sede funcional e *status* da autoridade coatora ... 85

3.2.2.3. Subsiste a competência meramente em razão da pessoa do impetrado, na Justiça do Trabalho (art. 21, VI, da Lei Complementar n. 35/79)? 87

3.2.3. A situação dos servidores públicos submetidos ao regime jurídico único . 87

3.2.3.1. Os servidores da Administração Pública direta, autárquica e fundacional: o compulsório regime jurídico único de natureza administrativa (STF/ADI 2.135/DF) 88

3.2.3.2. A exclusão do pessoal sob regime administrativo do direito de ação perante a Justiça do Trabalho 89

3.2.3.3. Os empregados das sociedades de economia mista e empresas públicas 89

4. APORTES DA AUTORA: CASOS CONCRETOS DE MANDADO DE SEGURANÇA NA JUSTIÇA DO TRABALHO 94

4.1. A relevância, para a defesa dos direitos fundamentais dos trabalhadores, da adoção do critério material para definição da competência da Justiça do Trabalho quanto ao mandado de segurança 94

4.2. Direitos fundamentais defensáveis em mandado de segurança na seara trabalhista 95

4.3. As penalidades administrativas aplicadas pelos órgãos de fiscalização do trabalho 102

4.4. Direitos também reconhecidos aos trabalhadores, exigíveis do Estado 103

4.5. O direito social ao trabalho e o mandado de segurança 104

CONCLUSÃO 107

REFERÊNCIAS BIBLIOGRÁFICAS 113

APÊNDICE 121

Convenções fundamentais da Organização Internacional do Trabalho ratificadas pelo Brasil 121

Lei do Mandado de Segurança 150

Súmulas do Tribunal Superior do Trabalho sobre mandado de segurança 155

NOTA DA AUTORA

Este livro tem origem na dissertação de mestrado em Direito Constitucional aprovada pela Universidade de Fortaleza em 7 de maio de 2010, sob o título "Proteção constitucional dos direitos fundamentais dos trabalhadores (mandado de segurança e a Justiça do Trabalho após a Emenda Constitucional n. 45)". Ao texto original foram acrescidas as Convenções fundamentais da Organização Internacional do Trabalho ratificadas pelo Brasil, a Lei n. 12.016/2009 e as Súmulas do Tribunal Superior do Trabalho sobre mandado de segurança constantes do Apêndice. A obra analisa o mandado de segurança como instrumento de proteção constitucional dos direitos fundamentais dos trabalhadores perante a Justiça do Trabalho, considerada a nova competência material estabelecida no art. 114 da Constituição pela Emenda Constitucional n. 45/2004. Apresenta um esquema composto de direitos fundamentais específicos trabalhistas, inespecíficos alçados às relações de trabalho e inespecíficos não trabalhistas passíveis dessa garantia, e discute o problema da concretização dos direitos sociais, bem como a aplicação dos direitos fundamentais nas relações horizontais. Focaliza os referidos direitos sob o modelo do Estado do Bem-Estar Social e perquire a subsistência da Constituição dirigente no Brasil, como fonte normativa necessária à concretização dos direitos fundamentais sociais, tendo em conta a interpretação democrática, considerando que a tarefa interpretativa, notadamente a judicial, deve buscar melhores condições de vida e a efetiva fruição dos direitos fundamentais, sem dispensar, nada obstante o dirigismo constitucional, o relevante papel da política como palco natural para a realização das promessas formuladas à sociedade no texto constitucional. Expõe a situação do mandado de segurança individual e coletivo, antes e depois da citada Emenda Constitucional, perante a Justiça do Trabalho, para defesa de direitos trabalhistas líquidos e certos, agredidos ou ameaçados por ato de autoridade do poder público empregador, considerados os critérios *ratione muneris* e *ratione materiae* para definição de sua competência. Alinha hipóteses de impetração para amparo desses direitos, inclusive do próprio direito coletivo ao trabalho. Indaga se a adoção do critério material para definição da competência da referida Justiça, em mandado de segurança, aprimorou o sistema de defesa judicial dos direitos fundamentais dos trabalhadores e conclui respondendo positivamente, observando, porém, que esse melhoramento está quase esvaziado pelas decisões do Supremo Tribunal Federal que excluem da competência trabalhista as ações do interesse dos servidores públicos regidos por estatuto próprio e que vedam à Administração Pública a aplicação do regime jurídico de trabalho para seu pessoal, pois a impetração ficou restrita para o controle dos atos praticados por dirigentes das sociedades de economia mista e empresas públicas, quando equiparados a autoridades do poder público, nas relações de trabalho. Em suma, o grau de importância e de utilidade do mandado de segurança na Justiça do Trabalho para proteção direta dos direitos dos trabalhadores está intimamente relacionado com o regime jurídico de trabalho dos servidores públicos e com a competência material desse ramo do Judiciário: quanto mais abrangentes esse regime e a competência, maior será o leque de trabalhadores que poderá fazer uso do referido *writ*; no entanto, quanto mais restritivos, como se constata nas decisões proferidas pelo Supremo Tribunal Federal nas ADIs n. 3.395-DF e n. 2.135-DF, menor será esse contingente.

PREFÁCIO

A colega Procuradora Regional do Trabalho Evanna Soares apresenta-nos mais um livro intitulado *Mandado de Segurança na Justiça do Trabalho — Proteção dos Direitos Fundamentais dos Trabalhadores*, publicado pela LTr Editora, o que já revela o esperado sucesso da obra, honrando-me com a grata tarefa de prefaciá-la.

O livro, da forma como enfocado o tema, é pioneiro, pois todo o trabalho foi desenvolvido numa visão sistêmica e integrada dentro do contexto maior da tutela dos direitos fundamentais do trabalhador brasileiro a partir da Emenda Constitucional n. 45/2004, que ampliou a competência da Justiça do Trabalho no que toca ao remédio heroico.

Falar do mandado de segurança e do seu procedimento, inclusive na Justiça do Trabalho, muitos o fazem e muito bem. Mas na presente obra a autora enfocou o tema sob uma nova ótica, qual seja, a defesa dos direitos fundamentais do trabalhador na relação capital-trabalho.

Antes de analisar os aspectos técnicos do mandado de segurança na Justiça do Trabalho, o livro trata dos direitos humanos fundamentais dos trabalhadores na Constituição de 1988, classificando-os como direitos específicos, inespecíficos alçados às relações de trabalho e inespecíficos não trabalhistas.

Depois disso, passa então a analisar o mandado de segurança como instrumento processual destinado e adequado à defesa dos direitos fundamentais do trabalhador, tanto no âmbito individual como no coletivo.

A análise é feita dando relevância à alteração introduzida no art. 114 da Constituição Federal pela Emenda Constitucional n. 45/2004, que criou o critério material em substituição ao pessoal para fixar a competência da Justiça do Trabalho para apreciar essa ação mandamental.

Antes da EC n. 45, o *writ* prestava-se na Justiça do Trabalho, como reconhece a autora, como sucedâneo recursal para atacar decisões (judiciais) proferidas pelos juízes do trabalho não recorríveis de imediato, tais como a concessão de medida liminar, a antecipação de tutela jurisdicional e o indeferimento da produção de prova e não para assegurar os direitos trabalhistas líquidos e certos ameaçados ou violados por ato ilegal ou abusivo de autoridade pública, como agora.

Diante dessa importante mudança que alargou o uso do mandado de segurança na esfera trabalhista, elenca-se no livro os direitos fundamentais defensáveis por meio dele. Sem antes se manifestar a autora sobre os servidores públicos, findou por restringir o uso desse remédio heroico apenas aos empregados das empresas públicas e sociedade de economia mista.

O livro enfatiza a ação especial do mandado de segurança como garantia constitucional para defesa dos direitos fundamentais dos trabalhadores, que, não obstante, isso tem recebido pouca atenção da doutrina, apesar das inovações introduzidas na competência da Justiça do Trabalho pela Emenda Constitucional n. 45/2004.

A obra compõe-se de quatro capítulos, tratando o primeiro dos direitos fundamentais dos trabalhadores na Constituição de 1988 e do cotejo com os direitos humanos proclamados nas Convenções da OIT.

O segundo capítulo trata da interpretação constitucional dos direitos trabalhistas, detendo-se no paradigma do Estado do Bem-Estar Social e na Constituição dirigente, em contraste com a crise do constitucionalismo social.

O terceiro capítulo cuida do mandado de segurança individual e do coletivo como instrumentos processuais adequados à defesa dos direitos fundamentais dos trabalhadores, evidenciando o importante papel dos sindicatos como legitimados ativos para impetração coletiva, mesmo diante dos reflexos negativos da adoção do regime jurídico único para o pessoal da Administração Pública direta, autárquica e fundacional, conforme novo entendimento sufragado pelo STF.

O quarto capítulo, como contribuição teórica, demonstra a importância da eleição do critério *ratione materiae* na EC n. 45/2004 para a competência da Justiça do Trabalho em mandado de segurança, indicando situações dos direitos fundamentais passíveis de defesa via ação mandamental, bem como a sua utilidade quando o objeto são as penalidades administrativas aplicadas pelos órgãos de fiscalização do trabalho.

O livro da Dra. Evanna Soares, a respeito do tema que envolve a defesa dos direitos fundamentais dos trabalhadores na Justiça do Trabalho, por meio do mandado de segurança, sem paradigma na doutrina brasileira, apresenta-se como instrumento indispensável aos operadores do direito do trabalho, como juízes, membros do Ministério Público, advogados, professores e estudantes de direito.

Parabéns à autora pela iniciativa, à LTr Editora pelo patrocínio da obra e ao leitor, que será o maior beneficiário com o trabalho.

Campinas, agosto de 2010.

Raimundo Simão de Melo
Procurador Regional do Trabalho
Professor Universitário
Doutor em Direito pela PUC-SP
Membro da Academia Nacional de Direito do Trabalho

INTRODUÇÃO

A Constituição da República de 1988 é generosa quanto à proclamação de liberdades e direitos fundamentais individuais e sociais, e está impregnada de dirigismo relativamente às tarefas e fins do Estado, a exemplo de outras constituições promulgadas na América Latina nos anos oitenta. No caso do Brasil, essa característica é mais evidenciada porque a elaboração e promulgação da Constituição coincidem com o período de reimplantação do regime democrático, após vinte anos de governo militar ditatorial.

Mas a concretização desses direitos, em especial dos direitos sociais, constitui tarefa difícil, notadamente pelos vultosos gastos financeiros que exige do Estado. Por outro lado, a simples previsão dos direitos fundamentais representaria mera promessa desprovida de efeito prático se não estivesse acompanhada de garantias para sua realização, garantias estas que possibilitam aos destinatários terem os direitos e liberdades reivindicados judicialmente, uma vez não satisfeitos voluntariamente pelo devedor dessas prestações.

A constatação de que não só o poder público, mas também o poder privado, principalmente o alicerçado no poder econômico, são capazes de ameaçar ou agredir os direitos fundamentais, leva a que se proclame a validade desses direitos fundamentais também nas relações entre particulares ou horizontais, especialmente nas relações de trabalho, em que esse poder econômico se realça.

Nesse contexto, as atenções estatais devem ser redobradas: de um lado, enquanto poder público responsável pela concretização desses direitos, cumpre ao Estado assegurar a efetivação daquelas promessas constitucionais, seja por meio da sua função administrativa e da implementação das políticas públicas necessárias, seja por meio da jurisdição. De outro, como empregador público, posto que, neste caso, figura como devedor das prestações inerentes à relação laboral e dos direitos dos trabalhadores previstos na Constituição.

O dirigismo constitucional presente na Constituição de 1988, dentro da teoria constitucional, fornece o suporte substantivo capaz de orientar os atos do poder público, de modo que os direitos fundamentais, além de constituírem princípios materiais delineadores da estrutura estatal, tais como o regime democrático, o Estado de Direito e a República, formam também verdadeiros programas e tarefas de concretização compulsória. A propalada força normativa da Constituição, porém, não basta por si mesma, de sorte que a concretização dos programas constitucionais dependerá da vontade política de quem estiver no poder. Tal dirigismo, em contraste com a submissão à atuação política, considerada a legitimação material contida nos direitos fundamentais, leva ao irrecusável debate acerca do papel da política, ou seja, se a constitucionalização dos direitos fundamentais sociais e econômicos obriga os órgãos políticos à sua execução, dispensando a própria luta política. Por esse debate passa, igualmente, o questionamento a respeito do papel e dos limites do Poder Judiciário para a efetivação dos programas constitucionais quando as instâncias políticas omitirem--se ou falharem a ponto de serem substituídas.

Entre as garantias constitucionais encontra-se o mandado de segurança, na versão conhecida desde a Constituição de 1934, ou seja, o mandado de segurança individual, acrescido da inovação constante do mandado de segurança coletivo, ambos destinados à reparação de lesão ou ameaça de violação ao direito líquido e certo, não amparado por *habeas corpus* ou *habeas data*, praticada por ato de autoridade pública.

Os direitos fundamentais dos trabalhadores, cujo núcleo se acha alinhado nos arts. 7º ao 11, da Constituição da República, também estão garantidos pelo mandado de segurança, desde que preenchidos seus pressupostos constitucionais. Esses direitos têm a particularidade de não exigirem do Estado, para sua efetivação, o desembolso de grandes quantias, como ocorre, em geral, com os direitos sociais e vários outros direitos e liberdades individuais. Demandam, sim, obrigações estatais de respeito, proteção e satisfação mediante condutas positivas ou negativas que se concentram, basicamente, no dever de assegurar o gozo de tais direitos por outros meios, com a participação de outros obrigados, isto é, os empregadores — responsáveis, afinal, pelas obrigações e pelo ônus financeiro do adimplemento dos direitos trabalhistas, observando-se que o poder público suportará tal ônus quando também figurar como empregador, considerada a relação jurídica de trabalho representada pelo contrato de emprego público.

Apesar da singela constatação de que os direitos fundamentais dos trabalhadores encontram garantia no mandado de segurança, na verdade, até a data da promulgação da Emenda Constitucional n. 45/04, na Justiça do Trabalho essa garantia era mencionada como ação apenas na legislação ordinária sobre a competência desse ramo do Poder Judiciário, e tinha aplicação reduzida, incompatível com a sua grandeza constitucional, por força das limitações impostas pela jurisprudência e doutrina trabalhistas então reinantes. Isso porque o critério definidor da competência daquela Justiça especializada era guiado em razão da pessoa da autoridade coatora. Prestava-se o mandado de segurança na Justiça do Trabalho não para assegurar propriamente, como deveria, os direitos trabalhistas líquidos e certos ameaçados ou violados por ato ilegal ou abusivo de autoridade pública, mas sim meramente como sucedâneo recursal dentro do processo do trabalho utilizado para atacar decisões (judiciais) proferidas pelos juízes do trabalho não recorríveis de imediato, tais como a concessão de medida liminar, a antecipação de tutela jurisdicional e o indeferimento da produção de prova. Outra prática do mandado de segurança consistia da impetração tendo por objeto atos administrativos dos juízes e tribunais trabalhistas.

Mas a Emenda Constitucional n. 45/04, que reformou em parte o Poder Judiciário brasileiro, redesenhou no art. 114 da Constituição de 1988 a competência material da Justiça do Trabalho. Nela inseriu as questões oriundas das relações de trabalho e as ações judiciais delas decorrentes ou pertinentes ao exercício de direitos relacionados com o trabalho, a exemplo do direito de greve, da representação sindical, da indenização por dano moral e patrimonial, das penalidades administrativas impostas pela fiscalização trabalhista e da execução das contribuições sociais.

No art. 114, inciso IV, a citada Emenda Constitucional inovou e incluiu, expressamente, ao lado do *habeas corpus* e do *habeas data*, a previsão de competência para julgar mandado de segurança quando o ato ilegal ou abusivo envolver matéria sujeita à jurisdição da Justiça do Trabalho.

Com a mudança do paradigma da competência da Justiça do Trabalho, operada pela Emenda Constitucional n. 45/04, de *ratione personae* para *ratione materiae*, abriu-se a oportunidade para a impetração do mandado de segurança, nessa Justiça especializada, na sua plenitude de garantia expedita, em tramitação prioritária e execução imediata.

A presente dissertação versa, nesse contexto, sobre a proteção constitucional dos direitos fundamentais dos trabalhadores pelo mandado de segurança impetrado nos órgãos da Justiça do Trabalho.

A razão da escolha do tema repousa na importância do mandado de segurança, considerado como ação especial e garantia constitucional, para defesa dos direitos fundamentais dos trabalhadores, bem como na pouca atenção que a doutrina vem lhe dando, apesar das inovações introduzidas na competência da Justiça do Trabalho pela Emenda Constitucional n. 45/04. Espera-se despertar o interesse dos jurisdicionados e operadores do Direito para essa garantia constitucional na referida Justiça, uma vez que no último capítulo são anunciadas possibilidades de sua utilização prática no foro trabalhista.

Tem-se como hipótese que a nova competência da Justiça do Trabalho para processar e julgar mandado de segurança transformou-o em eficiente veículo para proteção dos direitos trabalhistas, notadamente aqueles previstos como fundamentais do trabalhador no texto constitucional, dentro da relação de emprego travada com o poder público, a exemplo do salário mínimo, da não discriminação no emprego, do devido processo legal nas relações de trabalho, da irredutibilidade salarial, do respeito às condições de saúde e segurança no trabalho e da atenção ao direito de sindicalização, entre outros.

No entanto, o Supremo Tribunal Federal, ao apreciar a Medida Cautelar na Ação Direta de Inconstitucionalidade n. 2.135/DF, restabeleceu a vigência do texto primitivo do art. 39 da Constituição da República, que obriga a incidência do regime jurídico único para os servidores públicos, e proclamou que a figura do emprego público, ou seja, a formação de relações de trabalho segundo as regras da Consolidação das Leis do Trabalho, pela Administração Pública direta, autárquica e fundacional, é incompatível com aquele regime único compulsório, que necessariamente deverá ter a feição de regime administrativo, sujeito à competência da Justiça comum para dirimir os litígios daí decorrentes. Constata-se que esse entendimento, em cotejo com as regras de competência da Justiça do Trabalho previstas no art. 114 da Constituição, esvazia quase toda a competência dessa Justiça nas questões travadas entre os entes públicos e seus servidores, inclusive os mandados de segurança, restando para a Justiça do Trabalho, praticamente, apenas o julgamento dos mandados de segurança envolvendo interesses de empregados das sociedades de economia mista e das empresas públicas, uma vez que expressamente se regem pelas normas trabalhistas endereçadas às empresas privadas (art. 173, §1º, II, da Constituição) desde que se considerem seus dirigentes como autoridades do Poder Público para fins de mandado de segurança.

A hermenêutica constitucional vem em socorro da análise da garantia do mandado de segurança como via de defesa judicial dos direitos fundamentais dos trabalhadores, cotejando a inovação trazida na competência material para a Justiça do Trabalho pela Emenda Constitucional n. 45/04 com as limitações das questões pertinentes ao regime jurídico único dos servidores públicos, por meio de uma releitura do mencionado *writ* na esfera trabalhista, adequando-o à realidade atual das necessidades de pronta prestação jurisdicional e procurando dar-lhe efetiva utilidade, segundo o modelo do Estado do Bem-Estar Social, seguido pela Constituição de 1988, alentado pela denominada Constituição dirigente, rica na previsão de direitos, mas carente de realização efetiva.

Nesse contexto, formula-se o seguinte problema: a previsão constitucional, introduzida pela Emenda n. 45/04, do critério *ratione materiae* para fixar competência da Justiça do Trabalho quanto ao mandado de segurança no âmbito trabalhista aprimorou o sistema de defesa judicial dos direitos fundamentais dos trabalhadores?

Indaga-se ainda como desdobramentos do problema: quais os efeitos da jurisprudência do Supremo Tribunal Federal nesse sistema judicial de proteção dos mencionados direitos, ao negar às pessoas jurídicas de direito público a possibilidade de adoção do regime de pessoal regido pelo contrato de emprego? É viável buscar a concretização dos direitos fundamentais dos trabalhadores mediante o mandado de segurança na Justiça do Trabalho com base na hermenêutica constitucional, tendo em conta a interpretação democrática sob o paradigma do Estado do Bem--Estar Social que inspirou a Constituição de 1988? A opção do reformador do Poder Judiciário no novo art. 114, IV, da Constituição da República pelo critério *ratione materia* e para definir a competência da Justiça do Trabalho para processar e julgar mandado de segurança pode contribuir para a concretização dos direitos fundamentais dos trabalhadores? Foi relevante a modificação no principal critério definidor da competência da Justiça do Trabalho relativamente ao mandado de segurança com a substituição do parâmetro *ratione personae* da autoridade impetrada pela natureza da matéria contida no ato impugnado? Esse critério material resgatou a importância do mandado de segurança como garantia constitucional exercitável em prol dos direitos trabalhistas inscritos na própria Constituição como direitos fundamentais?

Esta obra se desenvolve em quatro capítulos, além da introdução e da conclusão. No primeiro capítulo são examinados os direitos fundamentais dos trabalhadores na Constituição de 1988 em cotejo com os direitos humanos proclamados nas Convenções da Organização Internacional do Trabalho; segue-se uma classificação em direitos específicos dos trabalhadores, inespecíficos alçados às relações de trabalho e inespecíficos não trabalhistas, finalizando com a análise do problema da realização dos direitos sociais e da validade dos direitos fundamentais trabalhistas nas relações horizontais. O segundo capítulo trata da interpretação constitucional dos direitos fundamentais trabalhistas, detendo-se no paradigma do Estado do Bem-Estar Social e na Constituição dirigente, em contraste com a crise do constitucionalismo social, e enfatiza a interpretação democrática para a efetivação dos direitos fundamentais. O terceiro capítulo cuida do mandado de segurança individual e coletivo como instrumento judicial de defesa dos direitos fundamentais dos trabalhadores, evidencia o papel dos sindicatos como legitimados ativos para a impetração coletiva, esmiúça a situação dessa garantia constitucional na Justiça do Trabalho antes e depois da Emenda Constitucional n. 45/04, analisa os reflexos negativos da adoção do regime jurídico único para o pessoal da Administração Pública direta, autárquica e fundacional sobre o cabimento do mandado de segurança na Justiça do Trabalho, e destaca o enclausuramento dessa ação na esfera trabalhista à proteção dos empregados das sociedades de economia mista e empresas públicas. No quarto capítulo, à guisa de contribuição teórica da pesquisadora, procura-se demonstrar a importância da eleição do critério *ratione materiae* na Emenda Constitucional n. 45/04 para a competência da Justiça do Trabalho em mandado de segurança, aventando-se, ainda, situações de direitos fundamentais passíveis de defesa nessa Justiça pelos trabalhadores por meio do mandado de segurança, focalizando, também, a utilidade desse mandado quando seu objeto sejam as penalidades administrativas aplicadas pelos órgãos de fiscalização do trabalho, bem como outros direitos fundamentais reconhecidos aos trabalhadores, mas exigíveis do Estado, e, finalmente, a reivindicação do próprio direito social ao trabalho mediante o mandado de segurança coletivo.

As traduções dos textos pesquisados, escritos em espanhol, para o português, são de responsabilidade da autora.

1. OS DIREITOS FUNDAMENTAIS DOS TRABALHADORES NA CONSTITUIÇÃO DA REPÚBLICA DE 1988

A Constituição da República de 1988 alinha nos arts. 6º a 11, logo em seguida aos direitos e deveres individuais e coletivos, os direitos sociais e os direitos dos trabalhadores como capítulo dos direitos e garantias fundamentais.

Os direitos sociais são direitos coletivos, no sentido de sua titularidade pertencer à coletividade de pessoas, e, não, ao indivíduo isoladamente considerado.

Assim por exemplo, quando se cogita do trabalho como direito social não significa que cada indivíduo tenha direito para si de obter do Estado um emprego ou cargo ou função pública, mas, sim, que a coletividade de trabalhadores tem direito de esperar que o Estado adote políticas públicas e medidas econômicas que estimulem a geração de emprego e renda, uma vez que os direitos sociais são exercidos "[...] *através* ou *por meio* do Estado [...]"[1], e "[...] não direitos *contra* o Estado [...]".[2]

No art. 6º referenciado acham-se os direitos sociais (educação, saúde, alimentação[3], trabalho, moradia, lazer, segurança, previdência social, proteção à maternidade e à infância, e assistência aos desamparados), de titularidade variada, conforme a destinação que lhes é dada pelo próprio texto constitucional, isto é, àqueles que precisarem das prestações focalizadas: às mães, às crianças e aos desamparados, ou, mesmo, a "todos".[4]

Os direitos alinhados nos arts. 7º a 11, da Constituição, destinam-se, por sua vez, especificamente, aos trabalhadores urbanos e rurais, que são seus titulares, inclusive para reivindicação e fruição individual, considerados os sujeitos obrigados à sua satisfação.

---

(1) BOBBIO, Norberto. *A era dos direitos*. Tradução de Carlos Nelson Coutinho. Rio de Janeiro: Campus, 1996. p. 33.
(2) KRELL, Andreas Joachim. *Direitos sociais e controle judicial no Brasil e na Alemanha — Os (des)caminhos de um direito constitucional "comparado"*. Porto Alegre: Sergio Antonio Fabris Editor, 2002. p. 19.
(3) O direito à alimentação foi introduzido na Constituição pela Emenda Constitucional n. 64, de 4 de fevereiro de 2010.
(4) DIMOULIS, Dimitri; MARTINS, Leonardo. *Teoria geral dos direitos fundamentais*. São Paulo: RT, 2007. p. 91.

Esses direitos constituem um elenco mínimo de direitos fundamentais dos trabalhadores, como se depreende do próprio texto do caput do art. 7º da Constituição, integrando-se e complementando-se pelos tratados e convenções internacionais adotados pelo Brasil e pelas leis nacionais.

1.1. Os direitos humanos dos trabalhadores nas Convenções da Organização Internacional do Trabalho

A Organização Internacional do Trabalho, desde 1919, no exercício de sua atividade normativa, desempenha importante missão no cenário do direito internacional, notadamente pelas Convenções e Recomendações adotadas, as quais são utilizadas de modo especial, como inspiração para o direito interno dos Estados. Essas Convenções incorporam-se ao direito de cada Estado-membro da Organização quando são por eles ratificadas.[5]

Algumas dessas Convenções foram consideradas pela Cúpula Mundial do Desenvolvimento Social, reunida em março de 1995, em Copenhagen, "[...] como direitos humanos fundamentais dos trabalhadores [...]":[6]

— liberdade sindical e proteção aos direitos sindicais (87);

— direito de sindicalização e de negociação coletiva (98);

— abolição do trabalho forçado (29 e 105);

— igualdade de salário para trabalho igual entre homens e mulheres (100);

— não discriminação no emprego ou ocupação (111);

— idade mínima para o trabalho (138);

— e a Convenção sobre as piores formas de trabalho infantil (182).[7]

Excetuada a primeira (n. 87), todas essas Convenções foram ratificadas pelo Brasil e se encontram em vigor no País.[8]

Observe-se que, de acordo com o art. 5º, § 3º, da Constituição com novo texto dado pela Emenda Constitucional n. 45/04, têm força equivalente à emenda constitucional no direito interno os tratados e convenções internacionais sobre direitos humanos, desde que aprovados na Câmara dos Deputados e no Senado em dois turnos por três quintos dos votos dos membros de cada Casa. Os

---

(5) SÜSSEKIND, Arnaldo. *Direito constitucional do trabalho*. Rio de Janeiro: Renovar, 1999. p. 65-66.
(6) SÜSSEKIND, Arnaldo. Efetividade dos direitos humanos do trabalhador. *Jornal Trabalhista Consulex*, Brasília: Consulex, ano XXV, n. 1211, 03 mar. 2008. p. 18.
(7) *Id*. A Convenção n. 182 foi acrescida a esse rol por Süssekind.
(8) ORGANIZAÇÃO INTERNACIONAL DO TRABALHO. Disponível em: <http://www.ilo.org/ilolex/spanish/newratframeS.htm>. Acesso em: 10 set. 2009.

instrumentos aprovados antes dessa Emenda, como se deu com as referidas Convenções, segundo o Supremo Tribunal Federal, gozam de *status* normativo supralegal[9], ou seja, acima das leis ordinárias, mas abaixo das emendas constitucionais.

1.2. Os direitos trabalhistas, como direitos fundamentais, na Constituição da República de 1988

A ideia de direitos humanos teve significado semelhante àquela que se tinha de Direito natural nos séculos XVII e XVIII considerada

> [...] sua função reguladora da legitimidade dos sistemas políticos e dos ordenamentos jurídicos, e pela convicção de muitos seres humanos de que constituem uma garantia para sua dignidade e uma via (a principal) para sua liberdade e sua igualdade, sendo a compreensão adequada dos direitos uma tarefa teórica de grande alcance prático.[10]

De acordo com Pérez Luño, tendo-se em conta uma definição em termos explicativos claros e contextualizados na teoria jurídica e política contemporânea, direitos humanos podem ser entendidos como o "[...] conjunto de faculdades e instituições que, em cada momento histórico, concretizam as exigências da dignidade, da liberdade e da igualdade humanas, as quais devem ser reconhecidas positivamente pelos ordenamentos jurídicos nos planos nacional e internacional [...]".[11]

Didaticamente, os direitos humanos têm sido classificados em "gerações" ou "dimensões", consideradas as necessidades reivindicadas pela sociedade em determinadas épocas da história. Na primeira geração identificam-se, então, os direitos individuais de liberdade, costumeiramente apontados como aqueles que demandam prestações negativas ou um não agir estatal. Na segunda geração aparecem os direitos sociais, econômicos e culturais, que reclamam prestações positivas do Estado.[12] Na terceira geração encontram-se os direitos de solidariedade, tais como o de viver em um meio ambiente adequado e os direitos do consumidor. Desponta-se, ainda, uma quarta geração provocada pelas pesquisas biológicas.[13]

---

(9) BRASIL. Supremo Tribunal Federal. Proc. Recurso Extraordinário n. 349.703-RS, Pleno, relator Min. Carlos Ayres Britto, julgado em 03 dez. 2008. *Diário de Justiça Eletrônico*, Brasília, DF, 05 jun. 2009. Disponível em: <http://www.stf.jus.br/portal/jurisprudencia/listarJurisprudencia.asp?s1=%28349703. NUME.%20OU%20349703.ACMS.%29&base=baseAcordaos>. Acesso em: 10 set. 2009.
(10) PECES-BARBA MARTÍNEZ, Gregorio. *Lecciones de derechos fundamentales*. Con la colaboración de Rafael de Asís Roig y María del Carmen Barranco Avilés. Madri: Dykinson, 2004. p. 19.
(11) PÉREZ LUÑO, Antonio-Enrique. *Derechos humanos, Estado de derecho y Constitución*. 5. ed. Madri: Tecnos, 1995. p. 48.
(12) No item 1.2.2 adiante as demandas dos direitos fundamentais por prestações positivas e negativas serão examinadas detidamente.
(13) BOBBIO, Norberto. *A era dos direitos*. Tradução de Carlos Nelson Coutinho. Rio de Janeiro: Campus, 1996. p. 5-6.

Quanto ao sentido da expressão direitos fundamentais, surgida na França por volta de 1770, há divergência na doutrina.[14] De modo sintético, tem-se que, para os que nela enxergam somente o caráter jurídico-positivo, significa "[...] aqueles direitos humanos positivados nas constituições estatais [...]."[15] Para outros, inspirados pela doutrina alemã representada por Häberle, corresponde "[...] ao sistema de relações entre o indivíduo e o Estado, enquanto fundamento de toda a ordem jurídico-política [...]".[16] Reconhecendo na expressão um sentido ambivalente, não meramente restrito à positividade ou à naturalidade, e mais adequado à sua dimensão, identifica-se a posição de Peces-Barba.[17]

Há uma tendência de ordem prática, igualando as expressões em conteúdo, que aponta a utilização de direitos fundamentais "[...] para designar os direitos humanos positivados em nível interno, enquanto a fórmula direitos humanos é a mais usual no plano das declarações e convenções internacionais".[18] Segue-se essa praxe na presente obra, mormente para não destoar da denominação adotada no Título II da Constituição de 1988.

Os primeiros direitos sociais, notadamente "[...] a seguridade social, o direito do trabalho, os direitos sindicais, o direito a uma vida sã e ao repouso e as garantias econômicas para as classes trabalhadoras [...]"[19], surgiram nas Constituições ao lado dos direitos individuais, ganhando relevo no antiliberalismo verificado no século XX. As Constituições do México de 1917 e da República Alemã (1919) foram pioneiras ao contemplar os direitos sociais. Mas não se pode esquecer que a Declaração de Filadélfia, aprovada pela Conferência da Organização Internacional do Trabalho em 1944, e a Declaração Universal dos Direitos Humanos "[...] adotada pela Assembleia Geral das Nações Unidas em 10 de dezembro de 1948 constituem as duas mais importantes fontes dos direitos sociais consagrados pelas Constituições contemporâneas".[20] No Brasil, essa onda de constitucionalização chegou com a Carta de 1934.[21]

Diferentemente das Constituições anteriores que traziam timidamente os direitos sociais e, dentro deles, o direito ao trabalho como tema atrelado à ordem

---

(14) PÉREZ LUÑO, Antonio-Enrique, *Derechos humanos, Estado de derecho y Constitución.* 5. ed. Madri: Tecnos, 1995. p. 30-31.
(15) *Ibid.*, p. 31.
(16) *Ibid.*, p. 30-31.
(17) *Ibid.*, p. 31 e PECES-BARBA MARTÍNEZ, Gregorio. *Lecciones de derechos fundamentales.* Con la colaboración de Rafael de Asís Roig y María del Carmen Barranco Avilés. Madri: Dykinson, 2004. p. 27-29.
(18) *Ibid.*, p. 31.
(19) SÜSSEKIND, Arnaldo. *Direito constitucional do trabalho.* Rio de Janeiro: Renovar, 1999. p. 13.
(20) *Ibid.*, p. 14.
(21) KRELL, Andreas Joachim. *Direitos sociais e controle judicial no Brasil e na Alemanha — Os (des) caminhos de um direito constitucional "comparado".* Porto Alegre: Sergio Antonio Fabris Editor, 2002. p. 19.

econômica e social, a Constituição da República de 1988 inovou ao proclamar entre os direitos e garantias fundamentais extenso rol de direitos sociais (art. 6º) e trabalhistas individuais e coletivos (arts. 7º a 11). Essa opção constitucional induz a que se dispensem no Brasil questionamentos acerca da natureza dos direitos sociais e trabalhistas como direitos fundamentais, constatando-se, ainda, a garantia de sua aplicação imediata conforme o art. 5º, § 1º, dessa Constituição, ressalvados os casos nela previstos e confiados à regulamentação como o ainda hoje pendente direito ao adicional de atividade penosa contido no art. 7º, XXIII.

1.2.1. Direitos fundamentais dos trabalhadores

Deve ser salientado no contexto dos direitos sociais que os direitos alinhados no art. 6º da Constituição não se confundem com os direitos dos trabalhadores previstos nos arts. 7º a 11, também da Constituição de 1988. É que "[...] estes últimos dizem respeito somente àqueles que mantêm um vínculo de emprego [...]",[22] isto é, o empregado — "[...] aquele que vende o seu trabalho a outrem, sob uma condição de subordinação [...],"[23] não alcançando trabalhadores outros, como os autônomos, exceto os servidores ocupantes de cargos públicos, a quem são estendidos vários desses direitos trabalhistas, conforme o art. 39, § 3º, da mesma Constituição.

Tais direitos não se acham bem sistematizados na Constituição e abrangem também algumas liberdades públicas fundamentais, a exemplo da "[...] liberdade de escolha de emprego; a estabilidade empregatícia; a liberdade sindical e o direito de greve [...]"[24], e, ainda, normas que estavam ou deveriam estar na legislação infraconstitucional,[25] além de direitos de resistência relacionados com as associações profissionais e sindicais, direitos sociais de cunho político, tal como o previsto no art. 10 da Constituição, bem como proibições, como a vedação ao trabalho de crianças e adolescentes (art. 7º, XXXIII).[26]

Interessante classificação dos direitos fundamentais com repercussão nas relações laborais é feita por Rodríguez Mancini,[27] à luz das disposições da Constituição argentina e das normas que compõem o bloco de constitucionalidade daquele sistema jurídico.

---

(22) BASTOS, Celso Ribeiro; MARTINS, Ives Gandra da Silva. *Comentários à Constituição do Brasil*. 2. ed. atual. São Paulo: Saraiva, 2001. 2 v., p. 425-426.
(23) *Ibid.*, p. 432.
(24) *Ibid.*, p. 426.
(25) *Id.*
(26) DIMOULIS, Dimitri; MARTINS, Leonardo. *Teoria geral dos direitos fundamentais*. São Paulo: RT, 2007. p. 93-94.
(27) RODRÍGUEZ MANCINI, Jorge. *Derechos fundamentales y relaciones laborales*. Buenos Aires: Astrea, 2004. p. 145-192.

A distinção, que compreende os *derechos fundamentales específicos laborizados, derechos fundamentales inespecíficos laborizados* e *derechos fundamentales inespecíficos no laborizados*, tem relevância, segundo o referido autor, para que se estabeleça o âmbito das relações jurídicas em que atuam os direitos fundamentais e, assim, possa ser simplificada a questão do descumprimento ou da violação desses direitos.[28]

A ideia geral dessa classificação, pelas semelhanças existentes com o ordenamento brasileiro, merece ser apreciada em cotejo com a Constituição de 1988, uma vez que também nesta última são identificados direitos fundamentais específicos das relações individuais de trabalho, direitos fundamentais inespecíficos alçados às relações de trabalho, e direitos fundamentais inespecíficos não trabalhistas, que interessam, porém, a essas relações, notadamente quando se consideram as consequências pelo seu inadimplemento.

1.2.1.1. Específicos

Denominam-se direitos fundamentais específicos das relações de trabalho aqueles que incidem diretamente sobre os sujeitos da relação de trabalho.

No caso de descumprimento desses direitos, as consequências — seja a obtenção da prestação ou a reparação de eventual dano — são aquelas estabelecidas na própria legislação trabalhista.

No Brasil, tais direitos decorrem do fenômeno da constitucionalização do direito do trabalho, que trouxe para o texto constitucional de 1988 disposições previstas nas leis ordinárias e nos documentos internacionais, principalmente da Organização Internacional do Trabalho, ou que poderiam permanecer na legislação infraconstitucional — sem, obviamente, nesse caso, gozarem da supremacia que distingue os direitos fundamentais.

São encontrados nessa categoria, por força do art. 7º da Constituição, que os considera direitos fundamentais "[...] dos trabalhadores urbanos e rurais, além de outros que visem à melhoria de sua condição social":

— Proteção contra despedida arbitrária[29] que, conforme esse art. 7º, I, II, III e XXI, da Constituição, abrange a proteção da relação de emprego contra despedida arbitrária ou sem justa causa, o seguro-desemprego, o fundo de garantia do tempo de serviço e o aviso-prévio de no mínimo trinta dias;

— Proteção ao salário[30] representada nos termos dos itens IV, V, VI, VII, VIII, IX e X do art. 7º referenciado, pelo salário mínimo; pelo piso salarial; pela

---

(28) *Ibid.*, p. 193.
(29) SÜSSEKIND, Arnaldo. *Direito constitucional do trabalho*. Rio de Janeiro: Renovar, 1999. p. 101-135.
(30) *Ibid.*, p. 137-163.

irredutibilidade salarial, ressalvada disposição de acordo ou convenção coletiva de trabalho; pela garantia de salário, nunca inferior ao mínimo, para os que percebem remuneração variável; pelo décimo terceiro salário inclusive para aposentados; pela remuneração do trabalho noturno superior à do diurno; e pela proteção do salário na forma da lei, constituindo crime sua retenção dolosa;

— Participação nos lucros e na gestão da empresa[31] conforme art. 7º, XI;

— Duração do trabalho[32] com garantias relativas à jornada normal não superior a oito horas diárias e quarenta e quatro semanais, jornada de seis horas para o trabalho realizado em turnos ininterruptos de revezamento, repouso semanal remunerado, preferencialmente aos domingos e remuneração do serviço extraordinário superior, no mínimo, em cinquenta por cento à do normal nos termos dos itens XIII, XIV, XV e XVI desse art. 7º;

— Férias anuais remuneradas[33] com acréscimo salarial mínimo de um terço, de conformidade com o mesmo art. 7º, XVII;

— Saúde e segurança no trabalho,[34] consoante art. 7º, itens XXII, XXIII e XXVIII, da Constituição que contemplam direito à redução dos riscos inerentes ao trabalho, por meio de normas de saúde, higiene e segurança; adicional de remuneração para as atividades penosas, insalubres ou perigosas, na forma da lei, e seguro contra acidentes de trabalho, por conta do empregador, mais a indenização a que este está obrigado quando agir com dolo ou culpa;

— Não discriminação no trabalho[35] mediante a proibição de diferença de salários, de exercício de funções e de critério de admissão por motivo de sexo, idade, cor ou estado civil; proibição de qualquer discriminação no tocante a salário e critérios de admissão do trabalhador portador de deficiência; proibição de distinção entre trabalho manual, técnico e intelectual ou entre os profissionais respectivos; e garantia de igualdade de direitos entre o trabalhador com vínculo empregatício permanente e o trabalhador avulso, conforme art. 7º, XXX, XXXI, XXXII e XXXIV;

— Proteção à maternidade e à paternidade[36] na forma do art. 7º, itens XII, XVIII, XIX e XXV com salário família, licença à gestante sem prejuízo do emprego e do salário, licença-paternidade e assistência gratuita aos filhos e dependentes desde o nascimento até cinco anos de idade em creches e pré-escolas, e a proibição de dispensa da empregada gestante desde a confirmação da gravidez até cinco meses após o parto (art. 10, II, "b", do Ato das Disposições Constitucionais Transitórias — ADCT);

---

(31) *Ibid.*, p. 165-193.
(32) *Ibid.*, p. 195-217.
(33) *Ibid.*, p. 219-225.
(34) *Ibid.*, p. 227-238.
(35) *Ibid.*, p. 239-247.
(36) *Ibid.*, p. 249-255.

— Proteção do mercado de trabalho da mulher[37] de acordo com o art. 7º, XX;

— Proibição de trabalho à criança e proteção ao trabalho do adolescente[38] através da proibição de trabalho noturno, perigoso ou insalubre a menores de dezoito anos de idade, e de qualquer trabalho a menores de dezesseis anos, salvo na condição de aprendiz a partir de quatorze anos de idade (art. 7º, XXXIII);

— Proteção do trabalhador em face da automação[39] (art. 7º, XXVII);

— Direito de ação quanto aos créditos trabalhistas[40] na forma do art. 7º, XXIX;

— Direito à aposentadoria (art. 7º, XXIV);

— Direito à negociação coletiva de trabalho (direito coletivo) através do reconhecimento dos respectivos instrumentos conforme art. 7º, XXVI;

— Direito de não ser submetido a trabalho forçado ou em condições análogas à escravidão (Convenções da Organização Internacional do Trabalho ns. 29 e 109 ratificadas pelo Brasil e dotadas de caráter supralegal).

E também nos termos do art. 8º, itens I a VIII da Constituição, extensível à organização de sindicatos rurais e de colônias de pescadores, atendidas as condições estabelecidas em lei: liberdade de associação profissional ou sindical (para trabalhadores e patrões), direito de ser defendido pelo sindicato profissional ou patronal, reconhecimento de recursos financeiros para o sistema sindical, liberdade de filiação sindical para trabalhadores e patrões, indispensabilidade da participação dos sindicatos nas negociações coletivas, direito de sindicalização e participação do trabalhador aposentado, além de estabilidade do empregado dirigente sindical.

Esse rol de direitos específicos das relações de trabalho é complementado no plano constitucional pelos seguintes direitos constitucionais:

— Direito de greve (art. 9º, §§1º e 2º);

— Direito de representação paritária nos colegiados dos órgãos públicos do interesse de trabalhadores e empregadores (art. 10); e

— Direito de representação do pessoal para entendimento com a empresa em assuntos não reservados aos sindicatos (art. 11).

1.2.1.2. Inespecíficos alçados às relações de trabalho

Entre os *derechos fundamentales inespecíficos laborizados* podem ser abrigados os direitos fundamentais que, nada obstante sejam comuns a todas as

---

(37) *Ibid.*, p. 257-264.
(38) *Ibid.*, p. 265-275.
(39) *Ibid.*, p. 277-284.
(40) *Ibid.*, p. 285-299.

pessoas — não específicos, portanto, das relações de trabalho —, passaram a integrar os direitos referentes a essas relações, destacando-se pela possibilidade de invocação por parte dos sujeitos nelas envolvidos individual ou coletivamente.[41]

São direitos assimilados pelas relações laborais que no caso de descumprimento podem ser resolvidos ou restaurados mediante a aplicação e interpretação das próprias normas que regem as relações de trabalho, recorrendo-se ou não ao direito comum supletivamente.

Decorrem do reconhecimento de que determinados direitos fundamentais, endereçados a todas as pessoas, precisam "[...] ser expressamente proclamados para os trabalhadores e empregadores [...]", de sorte a "[...] aderir ao repertório de direitos e deveres que regulam essa relação laboral".[42]

Exemplos desses direitos encontram-se nos seguintes dispositivos da Constituição de 1988: direito à igualdade (art. 5º, I), cujos corolários repousam no art. 7º, XXX, XXXI, XXXII e XXXIV, direito de inclusão e manutenção no trabalho à pessoa com deficiência (art. 27 da Convenção das Nações Unidas sobre os Direitos das Pessoas com Deficiência, aprovada, em nível de Emenda Constitucional, pelo Decreto Legislativo n. 186, de 2008), direito ao meio ambiente de trabalho adequado e à saúde no trabalho (arts. 225 e 200, II e VIII) e direito de ser admitido mediante concurso público e ser contratado segundo a ordem de classificação pela Administração Pública (art. 37, II).

1.2.1.3. Inespecíficos não trabalhistas

Derechos fundamentales inespecíficos no laborizados são os que correspondem a todas as pessoas, inclusive empregadores e trabalhadores, mas que, apesar de não arrolados entre os direitos trabalhistas pela legislação, e nada obstante sua generalidade e amplitude,

> [...] podem ser invocados desde fora das relações laborais, quer dizer, em um plano geral de aplicação das normas constitucionais e legais com relação a sujeitos que não são partes naquelas, mas que em sua conduta ultrapassaram seus limites, transportando — portanto — os marcos das regulações próprias e incursionando no campo, como se disse, das relações jurídicas possíveis entre os habitantes [...].[43]

---

(41) RODRÍGUEZ MANCINI, Jorge. *Derechos fundamentales y relaciones laborales*. Buenos Aires: Astrea, 2004. p. 156.
(42) *Ibid.*, p. 202.
(43) *Ibid.*, p. 172.

Quando da projeção desses direitos fundamentais gerais nas relações de trabalho, as sanções aplicáveis ao infrator das respectivas normas devem ser procuradas não nas leis destinadas à regência das relações laborais, mas sim dentro do respectivo sistema legal,

> [...] especialmente se se trata de uma consequência ligada à dissolução do contrato, caso em que não se poderá pensar em outro efeito, diferente daquele legislado para a relação laboral, consistente na reparação-indenização tarifada e, eventualmente, a que resulte da aplicação de normas civis sob as condições estabelecidas pela jurisprudência.[44]

Caberá então aos intérpretes, especialmente ao juiz, dizer quais são os direitos fundamentais pertencentes a todos e também titulados por trabalhadores e empregadores e, ainda no caso de violação, compatibilizar a sanção pertinente, efetuando modulações e valendo-se dos princípios da razoabilidade e da proporcionalidade.[45]

Apesar disso, é possível alinhar, com base na Constituição, alguns desses direitos (liberdades e garantias) fundamentais inespecíficos não trabalhistas: liberdade de manifestação de pensamento (art. 5º, IV), liberdade de consciência e crença (art. 5º, VI e VIII), direito à intimidade, à vida privada, à honra e à imagem (art. 5º, X), inviolabilidade do sigilo de correspondência e comunicações (art. 5º, XII), direito de reunião (art. 5º, XVI), direito à propriedade intelectual (art. 5º, XXIX), direito ao trabalho (art. 6º), liberdade de exercício de trabalho, ofício ou profissão (art. 5º, XIII), direito de petição e de certidões (art. 5º, XXXIV), inafastabilidade do controle judicial (art. 5º, XXXV), direito de repressão à discriminação e ao racismo (art. 5º, XLI e XLII), direito ao devido processo legal, com ampla defesa (art. 5º, LIII, LIV, LV e LVI), exclusão de prisão civil por dívida (art. 5º, LXVII), *habeas corpus* (arts. 5º, LXVIII, e 114, IV), mandado de segurança (arts. 5º, LXIX e LXX, e 114, IV), mandado de injunção (art. 5º, LXXI), *habeas data* (arts. 5º, LXXII, e 114, IV), direito à assistência jurídica gratuita aos necessitados (arts. 5º, LXXIV, e 134), direito à razoável duração do processo (art. 5º, LXXVIII), direito à educação e formação para o trabalho (arts. 6º e 214, IV), direito à previdência social (arts. 6º, 201 e 202), direito à profissionalização e integração, no trabalho, à criança e ao adolescente, inclusive com deficiência (art. 227), liberdade de ir e vir e fixar o lugar de residência (art. 5º, XV), liberdade para formar a família (art. 226) e liberdade de contratação (art. 5º, II).

1.2.2. O problema da realização dos direitos sociais e os direitos fundamentais trabalhistas nas relações privadas

Muito conhecida é a advertência feita por Bobbio no sentido de "[...] que o problema grave de nosso tempo, com relação aos direitos do homem, não era

---

(44) *Ibid.*, p. 221.
(45) *Ibid.*, p. 217-218.

mais o de fundamentá-los, e sim o de protegê-los".[46] No que se refere aos direitos sociais, pesa contra eles, lançado pelos reacionários, não o argumento de que lhes falta fundamento, mas sim o de que são de impossível exequibilidade, surgindo daí oposições e reservas[47] à sua implementação.

Diferentemente "[...] dos direitos individuais tradicionais que consistem em liberdades [...]" e "[...] exigem da parte dos outros (incluídos aqui os órgãos públicos) obrigações puramente negativas, que implicam a abstenção de determinados comportamentos [...]", os "[...] direitos sociais, que consistem em poderes [...]", "[...] só podem ser realizados se for imposto a outros (também considerados os órgãos públicos) um certo número de obrigações positivas [...]".[48] Sem fugir dessa linha de pensamento, Martínez de Pisón ressalta que os direitos sociais impelem o Estado a uma atuação decidida, de modo que tais direitos diferenciam-se dos outros por seu caráter marcadamente prestacional, tratando-se, portanto, de "[...] direitos diferentes, em última instância, com uma concepção diferente da liberdade [...]", levando à conclusão de que se tem, sob o ângulo dos direitos sociais, uma "[...] liberdade real que exige a remoção de obstáculos econômicos e sociais para o seu exercício [...]", enquanto nos direitos individuais compreende-se "[...] a liberdade como a ausência de coação que garante um âmbito de autonomia [...]".[49]

No entanto, os direitos sociais não se resumem a "[...] meras reclamações ou exigências que se podem conceder ou não por razões políticas [...]".[50] Não constituem simples pretensões como lucidamente passaram a proclamar, a partir dos anos 1980, as Nações Unidas. É que não podem existir liberdades individuais nem o exercício adequado dos direitos civis e políticos sem a realização dos direitos sociais, de sorte que são direitos fundamentais com o mesmo nível hierárquico tanto os direitos individuais como os direitos sociais, culturais e econômicos.[51] Consequentemente, os direitos sociais, como direitos humanos, fundamentam-se "[...] na existência de necessidades básicas, objetivas, universais e contingentes, das quais derivam o compromisso moral de sua satisfação [...]" em todos os aspectos "[...] com o objetivo de evitar pobreza e miséria, privações e danos físicos e psíquicos nas pessoas [...]".[52] Em suma, nenhuma autonomia, seja perante o Estado ou na órbita privada,

---
(46) BOBBIO, Norberto. *A era dos direitos*. Tradução de Carlos Nelson Coutinho. Rio de Janeiro: Campus, 1996. p. 25.
(47) *Ibid.*, p. 24.
(48) *Ibid.*, p. 21.
(49) MARTÍNEZ DE PISÓN, José. *Tolerancia y derechos fundamentales en las sociedades multiculturales*. Madrid: Tecnos, 2001. p. 181-182.
(50) *Ibid.*, p. 183.
(51) *Ibid.*, p. 184-186.
(52) *Ibid.*, p. 207.

[...] pode ser efetivamente exercida sem que estejam asseguradas para todos certas condições materiais básicas ligadas à alimentação, educação, etc. Estes pressupostos materiais fundamentais para a liberdade podem ser chamados de "mínimo existencial", e a necessidade da sua garantia é reconhecida, de forma quase consensual pelo pensamento jurídico, político e filosófico contemporâneo.[53]

E não se pode recusar aos direitos sociais a eficácia e a natureza de direito humano com apoio no argumento da dificuldade de sua implementação decorrente dos volumosos recursos financeiros necessários ao atendimento das prestações positivas, pois, como salienta Krell, "a negação de qualquer tipo de obrigação a ser cumprida na base dos Direitos Fundamentais Sociais tem como consequência a renúncia de reconhecê-los como verdadeiros direitos".[54]

Não se pode esquecer que, segundo Bidart Campos,[55] cabe ao Estado — via de regra sujeito passivo das obrigações correspondentes aos direitos sociais, a exemplo do direito ao trabalho, ao alimento, à moradia, à educação e à saúde — o atendimento das denominadas obrigações "ativamente universais" (porque existem diante de todos, e não de cada um, ou seja, referem-se a direitos coletivos), e, para tanto, adotar medidas pertinentes a

> realizar, desenvolver, executar políticas de bem-estar no vasto campo das necessidades primárias dos homens que estejam em situação de hipossuficiência, de marginalidade, de carência. Políticas de emprego, políticas alimentárias, políticas habitacionais, políticas de educação e saúde, etc.[56]

Para bem compreender o problema da exigibilidade dos direitos sociais, no entanto, é preciso examinar sua estrutura.

Não basta repetir antigas ideias repisadas que afirmam, de um lado, que direitos civis e políticos demandam, apenas, prestações negativas, enquanto os direitos econômicos, sociais e culturais só exigem prestações positivas do Estado. É que "[...] tanto os direitos civis e políticos, como os econômicos, sociais e culturais, constituem um complexo de obrigações positivas e negativas [...]".[57]

---

(53) SARMENTO, Daniel. *Direitos fundamentais e relações privadas*. 2. ed. Rio de Janeiro: Lumen Juris, 2006. p. 325-326.
(54) KRELL, Andreas Joachim. *Direitos sociais e controle judicial no Brasil e na Alemanha — Os (des) caminhos de um direito constitucional "comparado"*. Porto Alegre: Sergio Antonio Fabris Editor, 2002. p. 23.
(55) BIDART CAMPOS, Germán J. *La interpretación del sistema de derechos humanos*. Buenos Aires: Ediar, 1994. p. 50.
(56) *Id*.
(57) ABRAMOVICH, Víctor; COURTIS, Christian. *Los derechos sociales como derechos exigibles*. 2. ed. Madrid: Trotta, 2004. p. 32.

Com efeito, "[...] existem níveis de obrigações estatais que são comuns a ambas as categorias de direitos [...]," de modo que, em algumas situações, "[...] a mesma conduta estatal pode satisfazer tanto um direito civil como um direito social".[58]

A partir de proposições de G. H. J. van Hoof e Absjørn Eide — e porque foi adotado pelo Comitê de Direitos Econômicos, Sociais e Culturais, das Nações Unidas — Abramovich e Courtis apresentam um esquema de três "níveis" de obrigações do Estado, com aplicação a todas as categorias de direitos fundamentais que serve para caracterizar os direitos econômicos, sociais e culturais como direitos exigíveis, e também para enfraquecer a distinção reinante entre estes e os direitos civis e políticos.

Esses níveis consistem em obrigações de "respeito", obrigações de "proteção" e obrigações de "satisfação".[59]

Nesse contexto, "[...] as obrigações de respeitar se definem pelo dever do Estado de não efetuar ingerências, obstaculizar ou impedir o acesso ao gozo dos bens que constituem o objeto do direito. As obrigações de proteger consistem em impedir que terceiros interfiram, obstaculizem ou impeçam o acesso a esses bens".[60]

As obrigações de "satisfação", por seu turno, englobam obrigações de garantir "[...] que pressupõem assegurar que o titular do direito tenha acesso ao bem quando não puder fazê-lo por si mesmo [...]", e obrigações de promover, as quais "[...] se caracterizam pelo dever de criar condições para que os titulares do direito tenham acesso ao bem".[61]

Dito isso e focalizado o rol de direitos fundamentais dos trabalhadores, notadamente os específicos trabalhistas, observa-se que o seu respeito, proteção e satisfação dependem tanto de condutas negativas como positivas do Estado. No primeiro caso, como exemplo, pode-se citar o não impedimento a alguém de filiar-se a um sindicato, e a não intervenção na organização sindical ou no exercício do direito de greve. As condutas positivas nem sempre se satisfazem com o desembolso de recursos, podendo concretizar-se mediante a prestação de serviços, seja em uma relação direta com o favorecido da prestação, seja assegurando o seu gozo por outros meios com a participação de outros obrigados[62], como é o caso dos empregadores a quem se destina o ônus financeiro de quase todos os direitos alinhados nos arts. 7º a 11 da Constituição de 1988 e que são suportados pelo Estado somente quando figurar como empregador tal qual o particular.

---

(58) *Ibid.*, p. 30.
(59) *Ibid.*, p. 31.
(60) *Ibid.*, p. 29.
(61) *Id.*
(62) *Ibid.*, p. 32-33.

O exercício dos direitos fundamentais trabalhistas previstos no art. 7º, itens I, II, III, IV, V, VIII, IX, X, XI, XII, XIX, XX, XXI, XXII, XXIII, XXIV e XXVII, no art. 8º, itens IV (parte final), VIII (parte final), parágrafo único, e nos §§ 1º e 2º, do art. 9º, da Constituição, tem a particularidade de demandar do Estado o estabelecimento de alguma regulamentação — obrigação positiva que não pede a transferência de recursos financeiros diretamente para os favorecidos, mas sim a expedição de normas, o que na realidade é uma tarefa estatal para a qual são despendidos somente os recursos ordinários necessários à atividade legislativa.

A prestação positiva normativa estatal pode consistir na formulação de normas permissivas ou facultativas, tal como a norma que disciplina a criação de uma entidade sindical, e, em outros casos, de normas que viabilizem o gozo dos benefícios instituídos na Constituição, estabelecendo-lhe consequências jurídicas, a exemplo da estabilidade do dirigente sindical. Tais normas podem também estabelecer limites ou restrições às "[...] faculdades das pessoas privadas ou lhes impor obrigações de algum tipo [...]" como ocorre com "[...] grande parte das regulações vinculadas com os direitos laborais e sindicais [...]".[63]

Assim, o estabelecimento de um salário mínimo, o princípio que estabelece a igualdade de remuneração ante a igualdade de tarefas, a obrigatoriedade dos descansos, da jornada de trabalho limitada e de férias remuneradas, a proteção contra a despedida arbitrária, as garantias dos dirigentes sindicais para cumprimento de seus mandatos, etc. teriam pouco sentido se fossem exigíveis somente do Estado quando este atua como empregador. Nas economias de mercado, o conteúdo dessas obrigações estatais é o de *estabelecer uma regulação que se estenda aos empregadores privados*.[64]

Nesse rol de obrigações positivas, podem ser mencionadas também as que se revestem do oferecimento de serviços de natureza múltipla à população, tais como o funcionamento dos órgãos jurisdicionais para assegurar o acesso à justiça, a oferta de defensores públicos para viabilizar o direito de defesa, e a organização da previdência social, entre outros. Em resumo:

Como se pode ver, o complexo de obrigações que pode abranger um direito é muito variado. Os direitos econômicos, sociais e culturais se caracterizam justamente por envolver um espectro amplo de obrigações estatais. Consequentemente, é falso que as possibilidades de *justiciabilidade* destes direitos sejam escassas: cada tipo de obrigação oferece um leque de ações possíveis, não existe impedimento teórico para considerar que estes direitos são diretamente exigíveis por via judicial, seja por meio de ação individual, seja de ação coletiva.[65]

---

(63) *Ibid.*, p. 34-35.
(64) *Id.* (Grifo original)
(65) *Ibid.*, p. 36 e 132-133.

Nesse contexto, considerados os direitos sociais, as obrigações de respeitar, proteger e satisfazer — negativas ou positivas — imputadas ao Estado, no caso de inadimplemento dele podem ser diretamente cobradas.

Ditas obrigações endereçadas aos particulares, notadamente os empregadores, relativamente aos direitos fundamentais dos trabalhadores, deles, no caso de não cumprimento, também podem ser exigidas.

Tanto o Estado como os particulares — os empregadores em geral — conforme a quem se destinem as obrigações decorrentes dos direitos fundamentais dos trabalhadores, estão obrigados, assim, a satisfazê-las.

O "fenômeno do poder privado", como observa Bilbao Ubillos[66], foi superado pela quebra do paradigma liberal que presumia a igualdade entre as partes envolvidas nas relações privadas, e se evidencia "[...] naquelas situações caracterizadas 'por uma disparidade substancial entre as partes' [...]", de sorte que uma delas, em consequência de sua situação econômica ou social, coloca-se em "posição dominante" em relação à outra parte mais fraca, condicionando a sua decisão. Ocorre nesse caso o exercício de verdadeiro poder privado semelhante ao exercício do poder público.[67]

Nessa linha de raciocínio, são cabíveis aqui algumas considerações sobre a incidência dos direitos fundamentais nas relações privadas, tema que no Brasil é pacífico apesar de a Constituição de 1988 não ser expressa no sentido dessa aplicação ou eficácia dos direitos fundamentais na ordem jurídica privada graças à adesão por parte de quase todos os doutrinadores nacionais à "tese da eficácia ou aplicabilidade directa".[68]

Dentre as quatro correntes desenvolvidas em torno do assunto (uma que recusa eficácia, outra que admite eficácia mediata ou indireta, a terceira denominada deveres de proteção, e a última que aceita a eficácia direta e imediata), a primeira não é aceitável e já foi superada, e as demais

> [...] convergem na ideia de que o papel do legislador é fundamental: a ele cabe, em primeira instância, conformar a convivência entre as esferas de autonomia e liberdade dos cidadãos, ponderando o interesse na realização dos valores de liberdade com as exigências da autonomia privada no plano de relações formalmente paritárias e consideradas como relações entre iguais que livremente se autodeterminam [...]; convergem igualmente

---

(66) BILBAO UBILLOS, Juan María. *La eficácia de los derechos fundamentales frente a particulares* — Análisis de la jurisprudencia del Tribunal Constitucional. Madrid: Boletín Oficial del Estado — Centro de Estudios Políticos y Constitucionales, 1997. p. 241.
(67) *Ibid.*, p. 245.
(68) NOVAIS, Jorge Reis. *Direitos fundamentais*: trunfos contra a maioria. Coimbra: Coimbra Editora, 2006. p. 69-70.

quanto à aceitação das modalidades menos contundentes de eficácia dos direitos fundamentais (realização através de lei ordinária, interpretação conforme à Constituição e densificação jusfundamentalmente orientada das cláusulas gerais). Convergem, ainda, igualmente, na ideia de que cabe ao juiz, designadamente ao constitucional, verificar, à luz dos parâmetros da Constituição, se aquela composição feita pelo legislador é constitucionalmente aceitável.[69]

Segundo a teoria da eficácia mediata ou indireta, "[...] cabe sobretudo ao legislador a tarefa de estender os direitos fundamentais para as relações privadas [...]"[70], e aos juízes, em determinados casos, quando autorizados a aplicar aos litígios entre particulares os direitos fundamentais, principalmente nos casos em que se defrontarem com "[...] cláusulas gerais e conceitos jurídicos indeterminados [...]".[71]

A denominada teoria dos deveres de proteção, conforme uma parte da doutrina alemã, teria absorvido "[...] a questão da eficácia dos direitos fundamentais nas relações privadas [...]", pois "[...] deriva tão-somente da obrigação do Estado de proteger as pessoas de lesões e ameaças aos seus direitos provenientes de outros atores privados [...]".[72]

Para a teoria da eficácia direta e imediata dos direitos fundamentais em relação a terceiros — que interessa no caso do Brasil, notadamente quando se cogita de direitos sociais dos trabalhadores — dirigem-se os direitos fundamentais

> [...] não apenas contra o Estado, mas também contra os (em cada caso, outros) sujeitos de direito privado. Os direitos fundamentais não carecem, assim, de qualquer transformação para o sistema de regras de direito privado, antes conduzindo, *sem mais*, as proibições de intervenção no tráfico jurídico-privado e a direitos de defesa em face de outros sujeitos de direito privado.[73]

Então, "[...] alguns direitos fundamentais vinculam os particulares diretamente, independentemente da mediação do legislador ordinário".[74] Não há necessidade, para sua concretização, diante das violações produzidas pelos particulares, de mediações concretizadoras.

Observe-se, no entanto, que Claus-Wilhelm Canaris, ao examinar os destinatários dos direitos fundamentais — se apenas o Estado ou também os particulares,

---

(69) *Ibid.*, p. 74-75.
(70) SARMENTO, Daniel. *Direitos fundamentais e relações privadas*. 2. ed. Rio de Janeiro: Lumen Juris, 2006. p. 327.
(71) *Id*.
(72) *Id*.
(73) CANARIS, Claus-Wilhelm. *Direitos fundamentais e direito privado*. Tradução de Ingo Wolfgang Sarlet e Paulo Mota Pinto. Reimpressão da edição de julho de 2003. Coimbra: Almedina, 2006. p. 53.
(74) SARMENTO, Daniel, *op. cit.*, p. 327.

focalizado o direito germânico —, rejeita a tese da eficácia imediata em relação a terceiros, considerada a condução ao que o autor denomina "consequências dogmáticas insustentáveis", representadas pela transposição de institutos de direito privado, tais como os contratos e a responsabilidade civil para o direito constitucional de modo que o descumprimento a uma singela obrigação de natureza cível passaria a constituir ofensa a direito fundamental.[75] Mas ao analisar a função dos direitos fundamentais como proibições de intervenção e imperativos de tutela para efeito de controle desses direitos nos atos estatais e dos sujeitos de direito privado, Canaris reafirma que "[...] apenas o Estado é destinatário dos direitos fundamentais, já que é também *sobre ele* que recai a obrigação de os proteger [...]",[76] seguindo-se em razão disso que

> [...] outros cidadãos são também atingidos e os direitos fundamentais produzem também — de certa forma por uma via indirecta — efeitos em relação a eles: justamente porque também no campo jurídico-privado o Estado, ou a ordem jurídica, estão, em princípio, vinculados a proteger um cidadão perante o outro.[77]

Peces-Barba Martínez, analisando o sistema jurídico espanhol e atento à influência da Escola de Direito Público alemã responsável pela organização jurídica dos direitos fundamentais como direitos subjetivos, observa que se vem falando da *Drittwirkung der Grundrechte*, ou seja, da eficácia dos direitos fundamentais perante terceiros, advertindo, no entanto, que não se está diante de um problema de eficácia, mas sim de validade:

> [...] se trata com efeito do âmbito de validade pessoal dos direitos, dos titulares dos mesmos e da validade material, quer dizer, das relações jurídicas às quais se aplicam. Não se deve falar tanto de eficácia frente a terceiros, o que não é correto, mas sim de âmbito de validade dos direitos fundamentais estendido a todas as relações jurídicas. A confusão se produziu porque se identificou um problema de validade, extensão dos direitos ao conjunto do Ordenamento frente à tese de que não são aplicáveis no âmbito do Direito privado, com um problema de eficácia, de caráter processual, como é a utilização do recurso de amparo para proteger os direitos fundamentais nas relações entre particulares, vinculado, por sua vez, a outro caráter prévio e mais geral sobre a idoneidade de um recurso perante o Tribunal constitucional para garantir os direitos fundamentais. Neste caso se podem distinguir claramente os dois temas, validade e eficácia, e uma posição realista que os identifique é pouco conveniente.[78]

---

(75) CANARIS, Claus-Wilhelm, *op. cit.*, p. 53-54.
(76) *Ibid.*, p. 58.
(77) *Id.*
(78) PECES-BARBA MARTÍNEZ. *Lecciones de derechos fundamentales*. Con la colaboración de Rafael de Asís Roig y María del Carmen Barranco Avilés. Madri: Dykinson, 2004. p. 334.

O principal argumento doutrinário de sustentação da validade das normas de direitos fundamentais perante as relações entre particulares reside no reconhecimento de que não é apenas o poder público o agressor desses direitos, mas também os "poderes sociais" aí incluídos "[...] outros indivíduos capazes de produzir malefícios e danos [...]".[79]

No que interessa ao campo das relações de trabalho, salienta Bilbao Ubillos[80] que foi o reconhecimento da existência de um "poder privado" que levou à admissão da incidência dos direitos fundamentais frente a terceiros, e que a teoria alemã da *Drittwirkung* dos direitos fundamentais teve como maior fonte as relações trabalhistas:

> Esta doutrina nasce precisamente nos tribunais trabalhistas e segue encontrando entre os cultivadores desta disciplina os mais firmes apoios. O fato de o ordenamento trabalhista ter sido e continue sendo especialmente receptivo à ideia de polivalência destes direitos constitucionais não é casual. Se explica por uma nota de subordinação intrínseca à prestação do trabalhador.
>
> A empresa, como organização econômica, estruturada hierarquicamente, gera uma situação de poder e, correlativamente, outra de subordinação. Os poderes do empresário (o poder diretivo e o disciplinar) constituem, portanto, uma ameaça potencial para os direitos fundamentais do trabalhador, dada a forte implicação da sua pessoa na execução da prestação laboral.[81]

Nesse contexto, os tribunais trabalhistas, destaca Bilbao Ubillos, "[...] nunca duvidaram da vigência desses direitos neste âmbito. Dão-na por certa. O que não obsta que muitas vezes, depois de analisar as circunstâncias do caso, considerem legítima a atuação empresarial questionada em juízo".[82]

O certo é que os patrões, mesmo dispondo de tais poderes, acham-se condicionados ao exercício dos direitos fundamentais dos trabalhadores, não mais prevalecendo a concepção autoritária do empregador. A Constituição e os direitos fundamentais dos trabalhadores ingressaram no espaço do trabalho em que a empresa tinha um território onde dominava livremente, impondo sua autoridade com força absoluta, autoritária e indiscutível, passando-se a considerar, em primeiro plano, o trabalhador, como cidadão e pessoa subordinada dotada de direitos fundamentais. Nesse desequilíbrio verificado nas relações laborais é que se encontra o fundamento para o ordenamento jurídico compensatório e igualador em favor

---

(79) *Ibid.*, p. 339.
(80) BILBAO UBILLOS, Juan María. *La eficácia de los derechos fundamentales frente a particulares* — Análisis de la jurisprudencia del Tribunal Constitucional. Madrid: Boletín Oficial del Estado — Centro de Estudios Políticos y Constitucionales,1997. p. 245.
(81) *Ibid.*, p. 245-247.
(82) *Ibid.*, p. 245, nota 29.

da parte mais fraca, o trabalhador, seja sob o ângulo econômico, seja pela relação de subordinação ou dependência, relativamente ao empregador.[83]

Tratando-se de direitos fundamentais, a contraposição público-privado se faz cada vez mais tênue, não se podendo ignorar o perigo que o poder privado, notadamente oriundo da supremacia econômica, significa para o mais fraco, de sorte que "[...] o Direito não pode ignorar o fenômeno do poder privado [...]" e "[...] para ser coerente e eficaz, o sistema de garantias deve operar frente ao poder, sem adjetivos [...]", que seja público ou privado.[84]

Sarlet, seguindo essa mesma corrente de pensamento e focalizando o direito brasileiro, evidencia que apesar da limitação detectada no art. 5º, §1º da Constituição de 1988, que apenas proclama "[...] a imediata aplicabilidade das normas de direitos fundamentais [...]",[85] em vez de mencionar expressamente a vinculação ao poder público e particulares, demonstra a amplitude desse laço, e afirma que tanto o poder público (por meio do legislador, dos órgãos administrativos e dos órgãos judiciais) como os particulares estão vinculados aos direitos fundamentais:

> Para além de vincularem todos os poderes públicos, os direitos fundamentais exercem sua eficácia vinculante também na esfera jurídico-privada, isto é, no âmbito das relações jurídicas entre particulares. Esta temática, por sua vez, tem sido versada principalmente sob os títulos eficácia privada, eficácia externa (ou eficácia em relação a terceiros) ou horizontal dos direitos fundamentais [...].[86]

E no sistema jurídico brasileiro, como sintetiza Sarmento,

> [...] considerando a moldura axiológica da Constituição de 88, é induvidoso que a eficácia dos direitos fundamentais nas relações privadas é direta e imediata, ressalvados aqueles direitos que, pela sua própria natureza, só podem produzir efeitos em face do Estado (e. g., direitos do preso). A Carta de 88 não chancelou a clivagem absoluta entre o público e o privado, na qual se assentam as teses que buscam negar ou minimizar a incidência da Constituição e dos direitos fundamentais nas relações entre particulares.[87]

Essa eficácia horizontal (nas relações privadas) dos direitos fundamentais é resultado da quebra do mito da igualdade formal entre os particulares, bem assim da consideração de que não mais o patrimônio, mas sim a pessoa humana, provida

---

(83) *Ibid.*, p. 247-248.
(84) *Ibid.*, p. 250.
(85) SARLET, Ingo Wolfgang. *A eficácia dos direitos fundamentais*. 7. ed. rev., atual. e ampl. Porto Alegre: Livraria do Advogado, 2007. p. 387.
(86) *Ibid.*, p. 398.
(87) SARMENTO, Daniel. *Direitos fundamentais e relações privadas*. 2. ed. Rio de Janeiro: Lumen Juris, 2006. p. 328.

de dignidade, é o centro do ordenamento jurídico. Daí que os direitos fundamentais, de meras liberdades que pediam prestações negativas do Estado, converteram-se em normas que demandam a observância por parte de todos aqueles abrangidos pelo ordenamento jurídico, sejam órgãos estatais, pessoas ou entes privados.[88] E nada obstante os questionamentos acerca do modo de vinculação dos direitos fundamentais aos particulares — se direto ou indireto — a exemplo de vários direitos sociais "[...] os direitos dos trabalhadores que têm por destinatários os empregadores, em regra os particulares [...]",[89] constituem exemplo inquestionável de validade e eficácia dos direitos fundamentais nas relações jurídicas privadas, estando os particulares obrigados a satisfazê-los imediatamente, ressalvados os casos em que a própria Constituição condiciona essa eficácia à regulamentação pelo legislador.

---

(88) FACHIN, Luiz Edson. Constituição e relações privadas: questões de efetividade no tríplice vértice entre o texto e o contexto. In: OLIVEIRA NETO, Francisco José Rodrigues de; COUTINHO, Jacinto Nelson de Miranda; MEZZAROBA, Orides; BRANDÃO, Paulo de Tarso (Org.). *Constituição e Estado social*: os obstáculos à concretização da Constituição. São Paulo: coedição Coimbra Editora e Revista dos Tribunais, 2008. p. 235-256; p. 238 e 248-249.
(89) SARLET, Ingo Wolfgang. *A eficácia dos direitos fundamentais*. 7. ed. rev., atual. e ampl. Porto Alegre: Livraria do Advogado, 2007. p. 400.

2. INTERPRETAÇÃO CONSTITUCIONAL DOS DIREITOS FUNDAMENTAIS DOS TRABALHADORES

É no Estado de Direito que os direitos fundamentais encontram terreno próprio para reconhecimento e concretização. E esse Estado de Direito, que pressupõe um governo democrático — no caso brasileiro proclamado logo no primeiro artigo da Constituição de 1988 — eleito pelo voto secreto e livre da maioria, é quem deve garantir os referidos direitos, inclusive quando estiverem em confronto com a própria maioria representada no governo legitimado democraticamente, devendo o Poder Judiciário atuar conforme uma interpretação constitucional que leve à realização efetiva daqueles direitos.

2.1. Os direitos fundamentais sob o paradigma social: o Estado do Bem-Estar Social

Os direitos fundamentais merecem ser analisados sob o modelo do Estado do Bem-Estar Social — nada obstante a anunciada saturação desse paradigma[90] nos países de primeiro mundo — porque ainda não concretizados no Brasil tal como propostos na Constituição de 1988, tendo como ponto de partida a tese defendida por Bobbio quanto à afirmação histórica desses direitos fundamentais, uma vez que "[...] nascidos em certas circunstâncias, caracterizadas por lutas em defesa de novas liberdades contra velhos poderes, e nascidos de modo gradual, não todos de uma vez e nem de uma vez por todas [...]".[91]

No Estado Liberal os direitos humanos "[...] não eram nada mais do que deveres de abstenção do Estado que deveria manter-se inerte para não violá-los".[92] Seu papel limitava-se a "[...] produzir direito, por meio da edição de leis [...]"[93],

---
(90) SARMENTO, Daniel. *Direitos fundamentais e relações privadas*. 2. ed. Rio de Janeiro: Lumen Juris, 2006. p. 5.
(91) BOBBIO, Norberto. *A era dos direitos*. Tradução de Carlos Nelson Coutinho. Rio de Janeiro: Campus, 1996. p. 5.
(92) SARMENTO, Daniel, op. cit., p. 8.
(93) BERCOVICI, Gilberto. A problemática da Constituição dirigente: algumas considerações sobre o caso brasileiro. *Revista de Informação Legislativa*, Brasília: Senado Federal, v. 36, n. 142, p. 35-51, abr./jun. 1999, p. 36.

de sorte que do Estado não se exija a implementação de políticas públicas, mas apenas que respeitasse ou não interferisse nas liberdades e garantias e individuais.[94]

Essa postura decorria da ideologia liberal que identificava os direitos humanos com a "liberdade dos modernos" a partir do modelo do contrato social lockeano, segundo o qual os indivíduos conservavam seus "[...] direitos naturais, inatos e inalienáveis, que os governantes tinham de respeitar, e cuja infringência justificava até mesmo o exercício do direito de resistência [...]",[95] identificando-se o direito de propriedade como o direito absoluto a merecer a proteção estatal.

Essa situação do Estado de Direito formal separado da sociedade caracterizada pela função defensiva ou negativa do Estado, além de conservadora e incapaz de planejar o futuro e de interferir na realidade social, bem como de resolver a situação de exploração do homem agravada pela industrialização, sofreu profunda mudança com o advento do Estado Social de Direito no final do século XIX, em que se realça uma função ativa, voltada para o bem-estar do cidadão, de modo a "[...] assegurar, positivamente, o desenvolvimento da personalidade, intervindo na vida social, econômica e cultural [...]".[96]

A principal tarefa do Estado Social não é abster-se de intervir nos direitos individuais, nem proteger o direito individual de propriedade, mas sim projetar e executar políticas, aliando liberdade à solidariedade e assim promover a inclusão da maioria da população não proprietária mas beneficiária dessas políticas. Como realça Bercovici:

> A base do Estado Social é a igualdade na liberdade e a garantia do exercício dessa liberdade. O Estado não se limita mais a promover a igualdade formal, a igualdade jurídica. A igualdade procurada é a igualdade material, não mais perante a lei, mas por meio da lei. A igualdade não limita a liberdade. O que o Estado garante é a igualdade de oportunidades, o que implica a liberdade, justificando a intervenção estatal.[97]

O enfraquecimento do Estado Liberal decorreu da constatação "[...] de que, até para o desfrute dos direitos individuais, era necessário garantir condições mínimas de existência para cada ser humano".[98] Surgiram, então, novos direitos,

---

(94) Id.
(95) SARMENTO, Daniel. Direitos fundamentais e relações privadas. 2. ed. Rio de Janeiro: Lumen Juris, 2006. p. 8.
(96) BERCOVICI, Gilberto. A problemática da Constituição dirigente: algumas considerações sobre o caso brasileiro. Revista de Informação Legislativa, Brasília: Senado Federal, v. 36, n. 142, p. 35-51, abr./jun.1999, p. 37.
(97) Id.
(98) SARMENTO, Daniel, op. cit., p. 17.

os denominados direitos sociais e econômicos, tais como a educação, a saúde, o trabalho e a previdência, voltados para o bem-estar e para as mínimas condições de vida da população, demandando prestações positivas do Estado, realizáveis mediante políticas públicas.

A intervenção estatal deixou de ser uma ameaça para os direitos fundamentais e passou a ser uma necessidade para promoção desses direitos.

Como resume Sarmento, "Não bastava mais o mero reconhecimento formal das liberdades humanas, sendo necessário assegurar as condições materiais mínimas para que tais liberdades pudessem ser efetivamente desfrutadas pelos seus titulares".[99] É que a dignidade humana, protegida pelos direitos fundamentais, sofre agressão quando as liberdades públicas são desrespeitadas e também nos casos em que as mínimas condições de vida não são promovidas.[100]

E quando se cogita de políticas públicas voltadas para o trabalho, considerado como direito fundamental social, não se pode esquecer que, na sociedade capitalista contemporânea, como adverte Coutinho, a complexidade das relações tem levado a confusões entre capital e trabalho, a ponto de tomar-se

> [...] a essencialidade do trabalho como o núcleo dos direitos fundamentais, sem perceber-se que em uma sociedade capitalista a viabilidade da concretização do trabalho está dimensionada pela propriedade — ser proprietário do capital ou ser proprietário somente da força de trabalho que realiza a mais-valia pela venda. Nesta medida, garantir um direito ao trabalho é viabilizar por meio de políticas públicas a oferta de empregos e os direitos dele decorrentes.[101]

Atente-se, porém, que não se cogita da oferta de quaisquer empregos — a exemplo daqueles caracterizados pela precarização das condições de trabalho, por darem continuidade a situações de exclusão social — mas sim de empregos compatíveis com a dignidade humana, estáveis e adequadamente remunerados, considerando que para o Estado do Bem-Estar Social o pleno emprego constitui uma das principais garantias.[102]

É no Estado Social que os direitos fundamentais, notadamente os sociais, apesar das dificuldades para sua concretização de um lado provocadas pela demanda por vultosos gastos estatais, e de outro pela tensão com a democracia, na medida em que o Poder Judiciário não eleito pelo povo é chamado para controlar

---

(99) *Ibid.*, p. 19.
(100) *Ibid.*, p. 20.
(101) COUTINHO, Aldacy Rachid. A autonomia privada: em busca da defesa dos direitos fundamentais dos trabalhadores. In: SARLET, Ingo Wolfgang (Org.). *Constituição, direitos fundamentais e direito privado*. 2. ed. rev. e ampl. Porto Alegre: Livraria do Advogado, 2006. p.167-185, p. 170.
(102) *Ibid.*, p. 171.

omissões ou desvios atribuídos ao Executivo e ao Legislativo pertinentes a tais políticas recebem proteção com prioridade sobre o direito de propriedade, e forçam uma nova postura do poder público, necessária ao amparo dos interesses coletivos.

2.2. A Constituição dirigente e a crise do constitucionalismo social

A teoria da Constituição dirigente (*dirigierende Verfassung*) foi elaborada na Alemanha por Peter Lerche, para quem as Constituições modernas possuem como característica "[...] uma série de diretrizes constitucionais que configuram imposições permanentes para o legislador [...]".[103] O traço marcante dessa concepção repousa no cuidado em listar as normas vinculativas do legislador, bem como na "[...] conclusão de que as diretrizes permanentes (a Constituição Dirigente propriamente dita) possibilitariam a discricionariedade material do legislador".[104]

Canotilho adaptou a referida teoria ao constitucionalismo português, ampliando e aprofundando a proposição de Lerche, de modo a concretizá-la na Constituição lusitana de 1976 "[...] de viés nitidamente socialista [...]"[105] como fundamento para definição dos fins e objetivos do Estado e da sociedade, vindo também depois a influenciar fortemente a Constituição brasileira de 1988. Então, como resume o próprio Canotilho relativamente à Constituição portuguesa,

> A Constituição da República de 1976 é uma **constituição programática** porque contem numerosas *normas-tarefa* e *normas-fim* (cfr., por exemplo, arts. 9º e 80º) definidoras de programas de acção e de linhas de orientação dirigidas ao Estado. Trata-se, pois, de uma lei fundamental não reduzida a um simples *instrumento de governo*, ou seja, um texto constitucional limitado à individualização dos órgãos e à definição de competências e procedimentos da acção dos poderes públicos. A ideia de "programa" associava-se ao *carácter dirigente* da Constituição. A Constituição comandaria a acção do Estado e imporia aos órgãos competentes a realização das metas programáticas nela estabelecidas [...].[106]

Distinguindo-se do pensamento de Lerche, Canotilho, quando da formulação de sua tese, considera não somente uma parte da Constituição como dirigente, mas ela inteira, aproximando-se da ideia de Constituição programática por ser "[...] entendida

---

(103) BERCOVICI, Gilberto. *Constituição econômica e desenvolvimento* — uma leitura a partir da Constituição de 1988. São Paulo: Malheiros, 2005. p. 34.
(104) *Ibid.*, p. 35.
(105) STRECK, Lenio Luiz. Constituição e hermenêutica em países periféricos. In: OLIVEIRA NETO, Francisco José Rodrigues de; COUTINHO, Jacinto Nelson de Miranda; MEZZAROBA, Orides; BRANDÃO, Paulo de Tarso (Org.). *Constituição e Estado social*: os obstáculos à concretização da Constituição. São Paulo: coedição Coimbra Editora e Revista dos Tribunais, 2008. p.197-218, p. 198.
(106) CANOTILHO, José Joaquim Gomes. *Direito constitucional e teoria da Constituição*. 7. ed. Coimbra: Almedina, 2003. p. 217. (Grafia e destaques conforme o original)

como um bloco de normas constitucionais em que se definem fins e tarefas do Estado, se estabelecem directivas e estatuem imposições [...]",[107] sendo concebida por força de uma reconstrução da teoria material da Constituição "[...] como teoria social [...]"[108] mediante "[...] a introdução de normas determinadoras de fins do Estado, de princípios político-programáticos e de imposições sociais [...]".[109]

Atribui-se ao dirigismo constitucional, porém, como aspecto negativo, a pretensão de substituir-se nas decisões políticas. No entanto, segundo Bercovici,

> A Constituição dirigente não estabelece uma linha única de atuação para a política, reduzindo a direção política à execução dos preceitos constitucionais, ou seja, substitui a política. Pelo contrário, ela procura, antes de mais nada, estabelecer um fundamento constitucional para a política, que deve mover-se no âmbito do programa constitucional. Dessa forma, a Constituição dirigente não substitui a política, mas se torna a sua premissa material. [...] A função da Constituição dirigente é a de fornecer uma direção permanente e consagrar uma exigência de atuação estatal.[110]

Nessa linha de raciocínio, é a Constituição e não "[...] a vontade conjuntural dos governos [...]",[111] que deve definir os fins e as tarefas do Estado, pois afinal é ela que legitima o próprio poder político do Estado. Feita essa distinção de papéis, resta ao "[...] governo selecionar e especificar sua atuação a partir dos fins constitucionais, indicando os meios ou instrumentos adequados para a sua realização".[112]

As normas constitucionais dirigentes, portanto, voltam-se para a administração, apontando os caminhos da concretização política e afastando da lei fundamental a generalidade e a abstração. Como, mais uma vez, clarifica Bercovici:

> A Constituição Dirigente busca racionalizar a política, incorporando uma dimensão materialmente legitimadora ao estabelecer um fundamento constitucional para a política. O núcleo da ideia de Constituição Dirigente é a proposta de legitimação material da Constituição pelos fins e tarefas previstos no texto constitucional. Em síntese, segundo Canotilho, o problema da Constituição Dirigente é um problema de legitimação.[113]

---

(107) CANOTILHO, José Joaquim Gomes. *Constituição dirigente e vinculação do legislador* — contributo para a compreensão das normas constitucionais programáticas. Coimbra: Coimbra Editora, 1994. p. 224.
(108) *Ibid.*, p. 14.
(109) *Ibid.*, p. 42-43.
(110) BERCOVICI, Gilberto A problemática da constituição dirigente: algumas considerações sobre o caso brasileiro. *Revista de Informação Legislativa*, Brasília: Senado Federal, v. 36, n. 142, p. 35-51, abr./jun.1999, p. 40.
(111) *Id.*
(112) *Id.*
(113) BERCOVICI, Gilberto. *Constituição econômica e desenvolvimento* — uma leitura a partir da Constituição de 1988. São Paulo: Malheiros, 2005. p. 35.

Nesse contexto verifica-se que a Constituição dirigente, além de garantir os direitos existentes, contém "[...] um programa para o futuro [...]" na medida em que ao traçar as "[...] linhas de atuação para a política sem substituí-la destaca a interdependência entre Estado e sociedade [...]".[114] Procura-se, fundamentalmente, mediante o Direito modificar a realidade social.[115]

Porém as teses da Constituição dirigente de Lerche e Canotilho têm em comum "[...] a desconfiança do legislador. Ambos desejam encontrar um meio de vincular positiva ou negativamente o legislador à Constituição".[116]

Relativamente à força dirigente da Constituição sobre os direitos fundamentais, Canotilho[117] segue a doutrina segundo a qual distinguem-se os direitos que demandam prestações positivas estatais (notadamente os direitos econômicos, políticos e sociais) dos direitos que requerem somente uma omissão ou um não agir do Estado, isto é, que ele não interfira nas liberdades, direitos e garantias, considerando a diferença entre a "proibição de omissão" e a "pretensão de omissão". Entre os problemas detectados para a satisfação das imposições constitucionais que justificam essa diferenciação, destacam-se as que são relativas à "legitimação do Estado", inclusive acerca da discussão sobre qual o modelo de Estado, capitalista ou socialista, que está em melhores condições de assegurar os direitos que reclamam prestações positivas, e à "força determinante dos direitos a prestações", onde é detectada

> [...] a *aporia* da constituição dirigente: a um máximo de "desejabilidade constitucional" de direitos económicos, sociais e culturais, corresponde, em geral, uma relativização dos mesmos direitos, derivada da *interpositio* necessária do legislador e da subordinação da efectividade constitucional à proclamada *reserva do possível* (em termos econômicos, sociais e, naturalmente, também políticos).[118]

A tais questionamentos jurídico-constitucionais, Canotilho responde asseverando a necessidade de uma mudança radical e material nas relações entre lei e Constituição, de sorte a fazer a primeira locomover-se dentro dos direitos fundamentais, considerada a necessidade imperiosa de concretizá-los. Afirma também, entre outras conclusões, que não se confundem direitos fundamentais prestacionais com "normas programáticas" e "imposições constitucionais", salientando que os ditos direitos não podem ser amesquinhados, quer seja pela

---

(114) *Id.*
(115) CANOTILHO, José Joaquim Gomes. *Constituição dirigente e vinculação do legislador — contributo para a compreensão das normas constitucionais programáticas*. Coimbra: Coimbra Editora, 1994. p. 456.
(116) BERCOVICI, Gilberto, *op. cit.*, 2005. p. 35.
(117) CANOTILHO, José Joaquim Gomes, *op. cit.*, 1994. p. 365.
(118) *Id.*

dependência da regulamentação do legislador, quer seja pelo princípio da reserva do possível, não se admitindo a omissão legislativa diante de uma expressa imposição, sob pena de inconstitucionalidade e passível de controle jurisdicional. Canotilho também destaca que essas medidas devem ter em conta o princípio da igualdade implementado pelo legislador mediante a criação de condições fáticas que eliminem as desigualdades sociais, culturais e econômicas.[119]

Desde a formulação da referida tese, mudanças políticas e econômicas no cenário mundial marcaram o fortalecimento da globalização e do neoliberalismo. Cresceram também as críticas ao dirigismo constitucional, que foi aos poucos sendo enfraquecido e suplantando na sua força vinculativa, notadamente diante das teses "processuais procedimentais".[120] Canotilho ao fazer publicar a segunda edição da tese "Constituição Dirigente e Vinculação do Legislador — Contributo para a compreensão das normas constitucionais programáticas" registrou a "relativa" modificação de seu pensamento difundido na primeira edição, diante das necessidades impostas à teoria constitucional pela pós-modernidade, e afirmou no respectivo prefácio que a Constituição dirigente estava "morta".

Assim, apontando os "pecados" do dirigismo constitucional, ou seja, "a da má utopia do sujeito projectante" ou a não consideração das conjunturas e da mutabilidade do mundo político e econômico real, uma certa estatização do projeto de modernidade, e o "autismo nacionalista e patriótico" contrastado pela quebra do dogma do Estado soberano bem ilustrado pela União Europeia[121], Canotilho resume os motivos que o levaram a proclamar a falência da Constituição dirigente:

> A "internacionalização" e a "europeização", no caso português, e a internacionalização e a "marcosulização", no contexto do Brasil, tornam evidente a transformação das ordens jurídicas nacionais em ordens jurídicas parciais, nas quais as constituições são relegadas para um plano mais modesto de "leis fundamentais regionais". Mesmo que as constituições continuem a ser simbolicamente a *magna carta da identidade nacional, a sua força normativa* terá parcialmente que ceder perante novos fenotipos político-organizatórios, e adequar-se, no plano político e no plano normativo, aos esquemas regulativos das novas "associações abertas de estados nacionais abertos".[122]

A Constituição dirigente, tal como implantada no constitucionalismo português, está, portanto, remetida a uma ideia ultrapassada pelo autor responsável por sua difusão:

---

(119) *Ibid.*, p. 483-484.
(120) STRECK, Lenio Luiz. A concretização de direitos e a validade da tese da Constituição dirigente em países de modernidade tardia. In: NUNES, Antônio José Avelãs; COUTINHO, Jacinto Nelson de Miranda (Org.). *Diálogos constitucionais*: Brasil/Portugal. Rio de Janeiro: Renovar, 2004. p. 301-371, p. 331.
(121) CANOTILHO, José Joaquim Gomes. *Constituição dirigente e vinculação do legislador* — contributo para a compreensão das normas constitucionais programáticas. 2. ed. Coimbra: Coimbra Editora, 2001, Prefácio, p. VIII-IX.
(122) *Ibid.*, p. XI-XII. (Grafia conforme o original)

A Constituição comandaria a acção do Estado e imporia aos órgãos competentes a realização das metas programáticas nela estabelecidas. Hoje, em virtude da transformação do papel do Estado, o programa constitucional assume mais o papel de legitimidade da *socialidade estatal* do que a função de um direito dirigente do centro político.[123]

Percebe-se, então, que a nova postura teórica de Canotilho acerca da Constituição dirigente está alimentada pelos benefícios, notadamente de ordem econômica, trazidos a Portugal pelo seu ingresso na União Europeia, e que justificam a troca das promessas de sua Constituição dirigente pela "internacionalização" e "europeização" dos lusitanos, incompatíveis com o nacionalismo e com a estatização presentes em sua Constituição de 1976.

Nada obstante reconhecer "lenta" e "tardiamente", segundo o próprio autor, que o dirigismo constitucional constitui "[...] o caminho de ferro social e espiritual através do qual vai peregrinar a *subjectividade projectante* [...]" e que a "[...] má utopia do sujeito de progresso histórico alojou-se em constituições plano e balanço onde a propriedade estatal dos meios de produção se transmutava em ditadura partidária e coerção moral e psicológica [...]",[124] Canotilho ressalva a possibilidade de subsistência da Constituição dirigente, porém com outro significado: "[...] a ideia de directividade constitucional terá ainda hoje sentido quando inserida numa compreensão crítica próxima do chamado *constitucionalismo moralmente reflexivo*".[125]

Com efeito, "[...] este constitucionalismo moralmente reflexivo consiste na substituição de um direito autoritariamente dirigente, mas ineficaz, mediante outras fórmulas que permitam completar o projecto da modernidade — onde ele não se realizou — nas condições complexas de pós-modernidade".[126] Daí poder-se afirmar, ainda segundo Canotilho,

> [...] que a Constituição dirigente está morta se o dirigismo constitucional for entendido como normativismo constitucional revolucionário capaz de, só por si, operar transformações emancipatórias... Alguma coisa ficou, porém, da programaticidade constitucional. Contra os que ergueram as normas programáticas a "linha de caminho de ferro" neutralizadora dos caminhos plurais da implantação da cidadania, acreditamos que os textos constitucionais devem estabelecer as premissas materiais fundantes das *políticas públicas* num Estado e numa sociedade que se pretendem continuar a chamar de direito, democráticos e sociais.[127]

---

(123) CANOTILHO, José Joaquim Gomes. *Direito constitucional e teoria da Constituição*. 7. ed. Coimbra: Almedina, 2003. p. 217-218. (Destaque e grafia conforme o original)
(124) CANOTILHO, José Joaquim Gomes. *Constituição dirigente e vinculação do legislador* — contributo para a compreensão das normas constitucionais programáticas. 2. ed. Coimbra: Coimbra Editora, 2001. p. IX. (Grafia e destaque conforme o original)
(125) *Id.* (Grafia e destaque conforme o original)
(126) *Ibid.*, p. XXII. (Grafia e destaque conforme o original)
(127) *Ibid.*, p. XXIX-XXX. (Destaque do original)

Observa-se que essa virada na mencionada teoria tem razões e objetivos que não se coadunam com a realidade brasileira[128] nem se amoldam a ela automaticamente. Basta que se atente para a grande distância existente entre a União Europeia e o Mercosul, o qual não decolou desde sua criação e não tem os mesmos propósitos daquela.[129] A Constituição brasileira de 1988, apesar do seu dirigismo, não teve os laços revolucionários nem possui o mesmo "viés socialista" da Carta portuguesa de 1976. E os direitos fundamentais, particularmente os sociais, ainda têm um longo caminho até a realização mínima desejável, de sorte que a solução para o caso brasileiro não está em transferir o dirigismo contido na Constituição nacional para os instrumentos supranacionais ou comunitários, admitindo-se uma "supraconstituição dirigente"[130], mas sim em desenvolver mecanismos internos de efetivação desse programa constitucional, notadamente pelas forças políticas com ele comprometidas.

Essa advertência quanto às particularidades do constitucionalismo brasileiro ditadas pela realidade política e social diferente dos paradigmas europeus é produto das Jornadas sobre a Constituição dirigente em Canotilho, realizadas no Paraná em fevereiro de 2002 e registradas em livro[131]. Esse encontro de constitucionalistas, segundo Grau,[132] foi provocado por declarações de Gilmar Ferreira Mendes ao ingressar no Supremo Tribunal Federal como ministro, no sentido de que Canotilho havia decretado a "morte" da Constituição dirigente. Dessa forma a Constituição de 1988 que segue o dito modelo consequentemente também perderia sua força normativa. Nesse evento, Canotilho, em videoconferência, respondendo a indagações de juristas brasileiros acerca da viragem em sua teoria, tendo como parâmetro o caso português, esclareceu que os sujeitos históricos (trabalhadores e forças armadas, principalmente) desapareceram do texto, perdendo a força transformadora que levou ao projeto de modernidade encarnado na Constituição dirigente, de sorte que se deve entender "morta" a Carta assim concebida, permanecendo, porém, "[...] algumas dimensões importantes da programaticidade constitucional e do dirigismo constitucional [...]",[133] ainda com o legislador

---

(128) KRELL, Andreas Joachim. *Direitos sociais e controle judicial no Brasil e na Alemanha* – Os (des) caminhos de um direito constitucional "comparado". Porto Alegre: Sergio Antonio Fabris Editor, 2002. p. 69.
(129) O próprio Canotilho reconhece a diferença entre os dois blocos econômicos. CANOTILHO, José Joaquim Gomes. *Constituição dirigente e vinculação do legislador* – contributo para a compreensão das normas constitucionais programáticas. 2. ed. Coimbra: Coimbra Editora, 2001. p. XXVII.
(130) GRAU, Eros Roberto. Resenha do Prefácio da 2. ed. In: COUTINHO, Jacinto Nelson de Miranda (Org.). *Canotilho e a Constituição dirigente*. 2. ed. Rio de Janeiro: Renovar, 2005, item 10, [s.p.].
(131) COUTINHO, Jacinto Nelson de Miranda (Org.). *Canotilho e a Constituição dirigente*. 2. ed. Rio de Janeiro: Renovar, 2005.
(132) GRAU, Eros Roberto. Intervenções. In: COUTINHO, Jacinto Nelson de Miranda (Org.), *op. cit.*, 2005. p. 99-100.
(133) CANOTILHO, José Joaquim Gomes. Videoconferência. In: COUTINHO, Jacinto Nelson de Miranda (Org.), *op. cit.*, 2005. p. 14.

vinculado ao programa constitucional, observando-se também que, diante do enfraquecimento das Constituições nacionais, a programaticidade constitucional se transferiu para o plano internacional, tornando-se indiscutível essa imperatividade sobre os direitos sociais dos trabalhadores, como, por exemplo, a contida no Tratado de Amsterdã.[134] A situação brasileira diferenciada é reconhecida pelo próprio Canotilho:

> Compreendo perfeitamente que, quando estamos a falar em direito mitigado, em direito reflexivo, em direito pós-moderno, em direito mite (sic), em direito desregulado, verdadeiramente estamos a passar por uma outra fase que ainda não é possível obter no Brasil. No fundo, estamos a imaginar uma teoria da constituição já pós-moderna, em que não existe centro, em que o Estado é um herói local, em que o Estado é um herói humilde, em que nós somos já uma parcela de um outro esquema organizativo. Estamos a esquecer que no Brasil a centralidade é ainda do estado de direito democrático e social, que a centralidade é ainda do texto constitucional, que é carta de identidade do próprio país, que são estes direitos, apesar de pouco realizados, que servem como uma espécie de palavra de ordem para a própria luta política.[135]

Constata-se, portanto, que a Constituição dirigente pode estar morta ou não mais ser necessária nos países do primeiro mundo, notadamente nos integrantes de grandes blocos econômicos, como a União Europeia, conforme o pensamento de Canotilho. Mas, no Brasil e demais países periféricos ou de modernidade tardia, ela ainda é necessária e está bem viva, considerada a necessidade de implementação da maioria dos direitos previstos nas respectivas Constituições, particularmente na Constituição brasileira de 1988.

Mesmo entre os membros da União Europeia, formada por Estados com realidades distintas, notadamente Portugal, não se pode desprezar algum dirigismo constitucional, necessário à proteção dos direitos fundamentais dos trabalhadores ameaçados pela flexibilização do direito do trabalho exigida pela competitividade da economia globalizada. A propósito, Nunes adverte para o risco de que a política do "arrocho salarial" e "[...] a política social, ou seja, a política de congelamento ou de desmantelamento [...]" do frágil "Estado social" sejam vistas como as únicas em condições de atender às condições de competição da economia portuguesa.[136]

Retomando o caso brasileiro, é notório que os direitos fundamentais dos trabalhadores, em particular, apesar de arrolados na Constituição e regulamentados na legislação ordinária, não são adequadamente cumpridos. Mas como observa

---

(134) Ibid., p. 15-16.
(135) Ibid., p. 35.
(136) NUNES, Antônio José Avelãs. Notas sobre o chamado modelo econômico-social europeu. In: NUNES, Antônio José Avelãs; COUTINHO, Jacinto Nelson de Miranda (Org.). Diálogos constitucionais: Brasil/Portugal. Rio de Janeiro: Renovar, 2004. p. 1-14, p. 11.

Coutinho, "[...] ainda que, no Brasil as práticas sociais se distanciem do efetivo cumprimento das normas jurídicas, os princípios e regras se fazem presentes como exigências de realização, constituindo-se em um importante modelo identificatório. Uma viabilidade de se transladar para a realidade, um ser moldável".[137]

Em suma, na situação brasileira, considerados os esforços doutrinários visando a dar efetividade aos direitos fundamentais, "[...] ainda se compreende a Constituição de 1988 como sendo Dirigente, dotada de 'força normativa' e com imperatividade das normas ditas programáticas [...]".[138] E assim se pode afirmar porque,

> [...] em países como o Brasil, periféricos e que possuem uma Constituição democrática e ordenadora de políticas públicas de caráter humanitário e social, onde as promessas da Modernidade ainda não foram cumpridas, o dirigismo constitucional desempenha irrenunciáveis funções na coordenação de toda a prática jurídica com vistas a uma ação emancipatória e realizadora dos direitos fundamentais do homem no direcionamento da prática política e na vinculação da administração pública à implementação dos objetivos constitucionalmente idealizados, além da própria atividade legislativa.[139]

Daí a importância de se manterem no texto constitucional os direitos sociais, entre os quais o direito ao trabalho e à segurança social, que, embora não se realizem apenas por força dessas normas constitucionais, não podem ser negados e encontram nessas normas a necessária vinculação para as políticas legislativas.[140]

É importante ressaltar que as "dimensões sociais da Constituição", nas palavras de Canotilho, hão de estar presentes senão na Constituição nacional, nos tratados internacionais, tais como os que regem a União Europeia, e que essa "dimensão jurídica", impossível de realizar-se meramente pela letra da lei, deve ser transferida pelo jurista "[...] para a prática jurídica e política".[141]

No Brasil o dirigismo constitucional encontra raiz na necessidade de transformar-se e reconstruir-se o país após o regime ditatorial inaugurado em 1964. Justifica-se, então, a prodigalidade de direitos, notadamente os sociais contidos no Texto de 1988. E, na medida em que a Constituição representou por si mesma

---

(137) COUTINHO, Aldacy Rachid. A autonomia privada: em busca da defesa dos direitos fundamentais dos trabalhadores. In: SARLET, Ingo Wolfgang (Org.). *Constituição, direitos fundamentais e direito privado*. 2. ed. rev. e ampl. Porto Alegre: Livraria do Advogado, 2006. p.167-185, p. 174.
(138) MARRAFON, Marco Aurélio. Hermenêutica e sistema na construção do espaço constitucional. In: COUTINHO, Jacinto Nelson de Miranda; LIMA, Martônio Mont'Alverne Barreto (Org.). *Diálogos constitucionais*: Direito, neoliberalismo e desenvolvimento em países periféricos. Rio de Janeiro: Renovar, 2006. p. 347-373, p. 358.
(139) *Ibid.*, p. 358-359.
(140) CANOTILHO, José Joaquim Gomes. *Canotilho e a Constituição dirigente*. 2. ed. Rio de Janeiro: Renovar, 2005. p. 36.
(141) *Ibid.*, p. 37.

um fator de transformação, não se pode considerá-la arbitrária ou um mal capaz de engessar a visão do mundo, de modo que seu dirigismo continuará a existir enquanto for historicamente necessário e útil, como reconhece Canotilho.[142] Mas a Constituição dirigente caducará dissolvida pela sociedade, segundo o jurista lusitano, se perder a "força reflexiva", ou seja, a "[...] capacidade de conformação da própria realidade social [...]".[143]

Porém é preciso ressaltar, nesse contexto, que a crise do constitucionalismo dirigente, enfim, do próprio constitucionalismo social, não se deve meramente ao envelhecimento das proposições formuladas por ocasião da elaboração da Constituição, nem às dificuldades de natureza econômica, notadamente no que se refere à concretização dos direitos sociais e econômicos nela prometidos. Na verdade, como adverte Lima,

> [...] O desgaste de uma constituição dirigente — como aquelas da América Latina dos anos 80 — não decorre da inefetividade comprovada pela distância entre as extensas listas de direitos sociais e a realidade. Este desgaste tem sua explicação mais razoável no fato de inexistir, na sociedade respectiva, forças políticas comprometidas com sua implementação ou mesmo forças que não sejam capazes, novamente como diz Losurdo, de fazerem frente ao projeto de "des-emancipatório" que sobreviverá também a qualquer momento constituinte progressista e includente.[144]

Observa-se, de mais a mais, que essas sociedades redemocratizadas, entre as quais a brasileira, não puderam impor as promessas constitucionais diante da "[...] despolitização da economia [...]" e da "[...] influência espacial do capitalismo financeiro [...]"[145] geradas pela globalização, transformadas que foram, independentemente da vontade própria, em receptáculos de medidas macroeconômicas decorrentes de imposições externas dos mercados dominantes[146]. Daí a necessidade da convivência nessas sociedades, como detecta Lima, "[...] dos elementos emancipatórios e 'des-emancipatórios' [...]", de sorte a exigir-lhes "[...] a mobilização política e contínua de seus atores que histórica e objetivamente insistiram na construção da democracia constitucional [...]".[147] Ou seja, essas democracias se acham limitadas pelas forças neoliberais que comandam

---

(142) Ibid., p. 39.
(143) Ibid., p. 40.
(144) LIMA, Martônio Mont'Alverne Barreto. Idealismo e efetivação constitucional: a impossibilidade da realização da Constituição sem a política. In: COUTINHO, Jacinto Nelson de Miranda; LIMA, Martônio Mont'Alverne Barreto (Org.). *Diálogos constitucionais*: Direito, neoliberalismo e desenvolvimento em países periféricos. Rio de Janeiro: Renovar, 2006. p. 375-385, p. 380-381.
(145) Ibid., p. 381.
(146) Id.
(147) Id.

a globalização, mas não podem dispensar "[...] a política democrática includente [...]"[148] para preservar a força da Constituição.

Isso significa que somente será possível a sobrevivência da Constituição dirigente se assim o quiser a sociedade por considerá-la ainda vigente e presentes seus motivos inspiradores. Para tanto, esses motivos precisam ser permanentemente readaptados à realidade, não necessariamente nos moldes neoliberais[149], mas com vistas a aproximar os ideais constitucionalmente consagrados à realidade, dispensados o idealismo meramente retórico e as singelas interpretações argumentativas.

2.3. Interpretação democrática e realização dos direitos fundamentais dos trabalhadores

Apesar de sofrer limites jurídicos impostos pelos direitos fundamentais, o Estado de Direito está vinculado à sua defesa e promoção. Isso decorre das premissas que identificam o princípio democrático, isto é, a premissa "majoritária", que tem a ver com eleição dos governantes pela maioria para o exercício do poder, dando-lhes portanto legitimação ou a "premissa de parceria" que se identifica "[...] com o regime em que a todos os cidadãos é dada a oportunidade de se constituírem em parceiros activos e iguais de um autogoverno colectivo [...]", e a premissa "garantista", em que o Estado de Direito tem a inarredável missão de proteger as liberdades individuais diante do poder político.[150]

Consideradas tais premissas, é preciso não esquecer as palavras de Baracho, segundo as quais "a interpretação é um processo intelectivo por meio do qual, partindo da forma linguística contida no ato normativo, chega-se à determinação de seu conteúdo normativo e de seu significado".[151] E relativamente aos direitos fundamentais exige-se a realização de uma interpretação

> [...] a partir de uma compreensão que vá *para além* do seu carácter tradicional como "direitos jurídico-subjectivos" ou "direitos de defesa" em prol de uma "compreensão constitucional" que tenha em conta o "sentido jurídico-subjectivo" desses direitos e pretensões em seu conjunto. Que os compreenda, afinal, na sua "função" como expressando um "sistema" ou "ordem concreta de valores" com todas as consequências daí advenientes.[152]

---

(148) *Ibid.*, p. 384.
(149) *Ibid.*, p. 382.
(150) NOVAIS, Jorge Reis. *Direitos fundamentais*: trunfos contra a maioria. Coimbra: Coimbra Editora, 2006. p. 32-33.
(151) BARACHO, José Alfredo de Oliveira. *Direito processual constitucional* — aspectos contemporâneos. Belo Horizonte: Fórum, 2006. p. 81.
(152) QUEIROZ, Cristina. *Direitos fundamentais sociais* — funções, âmbito, conteúdo, questões interpretativas e problemas de justiciabilidade. Coimbra: Coimbra Editora, 2006. p. 199. (Citação conforme a grafia do original)

Quando se cogita de interpretação da Constituição no contexto da jurisdição constitucional com vistas à concretização dos direitos fundamentais sociais, Streck, inspirado na hermenêutica filosófica de Gadamer, dá relevo à linguagem, à capacidade do intérprete "[...] de compreender as condições de possibilidade [...]" do "[...] próprio processo de compreensão [...]", tendo em conta que "[...] o problema da interpretação jurídica, enquanto problema normativo, é um problema da concreta realização normativa do direito [...]".[153]

Para que se possa alcançar essa concreta realização da norma, Bidart Campos prenunciava que a interpretação deve fazer convergir os direitos fundamentais previstos na Constituição com os direitos humanos oriundos do direito internacional, e operar-se de modo elástico, amplo e generoso, a fim de que, quando produzida pelo Judiciário, seja orientada por um "[...] ativismo judicial e um realismo jurídico destinados a maximizar o sistema integral dos direitos".[154] Consta, ainda, a sua recomendação para que nesse processo interpretativo ágil e ativo seja buscado na Constituição "[...] um complexo normativo composto de normas (desde o preâmbulo, quando houver, até o último artigo), de princípios gerais e de valores [...]", para, assim, chegar-se "[...] ao conjunto de ideias, de critérios, de valorações, que formam o espírito ou a filosofia política da constituição".[155]

Observa-se na doutrina de Bidart Campos, acerca da interpretação dos direitos humanos, uma grande confiança no Judiciário para reparar as omissões inconstitucionais do Estado, representadas pelo não cumprimento das obrigações que lhe são destinadas como sujeito passivo dos direitos sociais, denominadas pelo referido autor como obrigações ativamente universais. Tais direitos, como todos os outros, uma vez ofendida a Constituição pela omissão ou inação estatal, devem ser reparados judicialmente, e "[...] o ativismo judicial, sem uma receita única nem uniforme, poderá em cada caso e ante cada situação, superar muitos dos obstáculos, pelo menos alguns, já que não todos".[156]

Essa confiança não se detém diante da possibilidade de um governo dos juízes, como ressalta o próprio Bidart Campos cujo pensamento revela a defesa do ativismo judicial, mas com prudência, obviamente, na luta pelo direito e com vistas à concretização das atuais necessidades coletivas de bem-estar e de justiça da sociedade, em liberdade equilibrada com a igualdade de oportunidades, que devem ser ministradas pelo Estado razoavelmente, atendendo-se de forma solidária os menos favorecidos, de sorte a corrigirem-se as injustiças formadas ao longo da história porque são incompatíveis com a dignidade humana e com a democracia.[157]

---

(153) STRECK, Lenio Luiz. A concretização de direitos e a validade da tese da Constituição dirigente em países de modernidade tardia. In: NUNES, Antônio José Avelãs; COUTINHO, Jacinto Nelson de Miranda (Org.). *Diálogos constitucionais*: Brasil/Portugal. Rio de Janeiro: Renovar, 2004. p. 301-371. p. 338.
(154) BIDART CAMPOS, Germán J. *La interpretación del sistema de derechos humanos*. Buenos Aires: Ediar, 1994. p. 45.
(155) *Id*.
(156) *Ibid.*, p. 51.
(157) *Ibid.*, p. 52-53.

No entanto, cabe nesse aspecto fazer um contraponto com a advertência formulada por Lima a partir da constatação de que é na política que se deve realizar a Constituição e não no Poder Judiciário, que não é eleito pelo povo. A interpretação constitucional, notadamente a levada a efeito na jurisdição constitucional, mesmo ao determinar a ação estatal conforme o dirigismo da Constituição, não pode perder de vista o critério democrático, de modo que "[...] as cortes constitucionais funcionarão sem ultrapassar o legislador, eleito pelo povo em voto direto, igual e secreto [...]", salientando-se que a "[...] política democrática includente é que manterá a força constitucional, não a retórica".[158]

Ao focalizar o papel do Poder Judiciário, Queiroz por sua vez afirma que ele não pode ser confundido com as atribuições do Poder Legislativo. Aquele não é meramente um aplicador ou executor da norma elaborada pelo Legislativo, mas sim em sua essência, o intérprete dessa norma, o que não afasta a noção muito bem sedimentada no direito anglo-saxão, segundo a qual cabe aos tribunais decidirem sobre questões jurídicas, e não acerca de questões políticas, devendo resolver os litígios que lhes são submetidos de conformidade com a competência que lhe é reservada constitucionalmente.[159] Recorde-se que os direitos e liberdades fundamentais assentam-se nos princípios da dignidade e da igualdade, e possuem matriz constitucional, exigindo observância, notadamente pelo Estado, o qual, como se sabe, nem sempre assim age, fazendo-se necessário então que se atribua ao Poder Judiciário a missão de resguardar esses direitos quando "[...] subtraídos à 'barganha política', não podendo mais ser instrumentalizados para 'fins' da luta política [...]".[160] Ainda assim, o intérprete constitucional não está livre para sobrepor-se ao contido na Constituição, devendo curvar-se às "[...] regras e princípios jurídicos aplicáveis ao caso [...]".[161]

Embora parte da doutrina assevere que deve estar carregada de ponderação e ser cotejada com outros bens protegidos constitucionalmente (daí falar-se das cláusulas e princípios da reserva do possível, proibição de retrocesso social, equilíbrio financeiro e orçamentário, entre outros), a interpretação dos direitos fundamentais sociais, particularmente quando voltada para a aplicação de direitos que demandam prestações positivas do Estado com desembolso de dinheiros públicos de valor expressivo, deve considerar todo o sistema jurídico, sem porém descuidar da tutela "estrita" e "rigorosa" desses direitos, de sorte a abranger todo o "círculo de situações jurídicas protegidas" no dizer de Queiroz[162], e não apenas o direito

---

(158) LIMA, Martônio Mont'Alverne Barreto. Idealismo e efetivação constitucional: a impossibilidade da realização da Constituição sem a política. In: COUTINHO, Jacinto Nelson de Miranda; LIMA, Martônio Mont'Alverne Barreto (Org.). *Diálogos constitucionais*: Direito, neoliberalismo e desenvolvimento em países periféricos. Rio de Janeiro: Renovar, 2006. p. 375-385, p. 384.
(159) QUEIROZ, Cristina. *Direitos fundamentais sociais* — funções, âmbito, conteúdo, questões interpretativas e problemas de justiciabilidade. Coimbra: Coimbra Editora, 2006. p. 200.
(160) *Ibid.*, p. 201.
(161) *Id.*
(162) *Ibid.*, p. 202.

subjetivo, detectando-se, nesse aspecto, "[...] uma forte limitação da liberdade política do legislador [...]", e que "[...] os direitos fundamentais se concebem hoje muito mais como uma 'questão de justiça' do que como uma 'questão política' [...]".[163]

Os direitos fundamentais sociais, a exemplo dos direitos de defesa clássicos, de acordo com Queiroz,[164] possuem um "núcleo indisponível" pelo intérprete, representado, no caso, pela prestação a que o Estado está obrigado a satisfazer. Porém, é preciso que os tribunais exerçam plenamente a competência dada pela Constituição e resolvam as questões aparentemente reservadas aos órgãos políticos por meio dos instrumentos adequados, inclusive daqueles destinados à defesa dos interesses coletivos, garantindo-lhes a justiciabilidade e a efetividade, de sorte a bem realizar-se o controle da constitucionalidade das ações e omissões estatais.

Quem confere caráter objetivo aos direitos fundamentais é a Constituição, na medida em que também prevê a jurisdição constitucional, garantindo-lhes proteção como bens jurídicos que são.

É preciso enfatizar, no caso do Brasil, que o motivo determinante da consagração de inúmeros direitos fundamentais, especialmente os sociais, no texto da Constituição de 1988 repousa no fato de a realidade social demonstrar que a maioria da população ainda não teve acesso a esses bens jurídicos. Assim, a Constituição representa mais que o instrumento depositário do reconhecimento desses direitos — denunciando, portanto, a sua carência junto à sociedade — também aquele que estabelece um "novo dever ser", oriundo "[...] do processo constituinte, como algo que constitui, que deve exsurgir uma nova sociedade, não evidentemente rebocando a política, mas permitindo que a política seja feita de acordo com a Constituição".[165]

É normal, então, que determinadas decisões sejam afastadas do processo político, isto é, os direitos focalizados são postos em situação mais elevada que as decisões da maioria, de modo a fazer dos direitos fundamentais um sistema representativo do "[...] critério último de validade de toda a ordem jurídica".[166]

Duas concepções são destacadas por Novais[167] relativamente aos direitos fundamentais em cotejo com a democracia e o Estado de Direito.

---

(163) *Id.*
(164) *Ibid.*, p. 203-204.
(165) STRECK, Lenio Luiz. A concretização de direitos e a validade da tese da Constituição dirigente em países de modernidade tardia. In: NUNES, Antônio José Avelãs; COUTINHO, Jacinto Nelson de Miranda (Org.). *Diálogos constitucionais*: Brasil/Portugal. Rio de Janeiro: Renovar, 2004. p. 301-371, p. 340.
(166) QUEIROZ, Cristina. *Direitos fundamentais sociais* — funções, âmbito, conteúdo, questões interpretativas e problemas de justiciabilidade. Coimbra: Coimbra Editora, 2006. p. 206.
(167) NOVAIS, Jorge Reis. *Direitos fundamentais*: trunfos contra a maioria. Coimbra: Coimbra Editora, 2006. p. 18.

A primeira, mais difundida, "[...] sustenta a integração ou assimilação entre direitos fundamentais e democracia no conceito de Estado de Direito *democrático* [...]" — e esta foi a opção de várias Constituições, como a brasileira (art. 1º), a portuguesa (art. 2º) e a espanhola (art. 1º) — "[...] ou num conceito de democracia *adjectivada* que integra substancialmente a presença e a garantia dos direitos fundamentais [...]"[168] de modo que seus adeptos "[...] propugnam uma concepção *deliberativa* de democracia, ... reconhecem — com diferentes matizes — o fundamento material dos direitos fundamentais na sua qualidade de condições da democracia [...]"[169]. Há, ainda, dentro dessa primeira concepção, quem defenda "[...] a existência de uma dimensão *substancial* da democracia (os direitos fundamentais) que acresce à dimensão *formal* ou *procedimental* (a regra da maioria) [...]".[170]

Nesse contexto, os direitos fundamentais estão diretamente relacionados com a democracia e com o Estado de Direito; há conexão entre a "liberdade pessoal" e a "liberdade política" de modo que o sistema político funciona segundo a aceitação da regra da maioria e o verdadeiro Estado de Direito depende da existência da democracia. De outra parte, a democracia exige o Estado de Direito em que são cultivados os direitos fundamentais. Porém, se esses direitos não puderem ser exercidos por uma parte da população, não há se falar da participação de todos, nem da prevalência da regra da maioria, da igualdade e do poder democrático.[171]

A outra concepção[172] afasta-se da ideia de harmonia entre democracia e Estado de Direito, para admitir que, em vez disso, tem-se uma colisão ou, no mínimo, uma tensão entre eles, tensão esta que decorre da ameaça que a maioria investida no poder, inclusive democraticamente, pode representar para os direitos fundamentais em determinadas situações. Exemplo disso se viu no século XX, no Estado autocrático (anticapitalista), e atualmente no Estado islâmico. Há sempre a possibilidade de, mesmo nos Estados democráticos, os direitos fundamentais sofrerem ingerências do poder político, refletidas nas leis aparentemente conforme a Constituição e nos atos da Administração Pública e do próprio Poder Judiciário, restritivos daqueles direitos.

O Estado de Direito e a democracia também podem ser colocados em choque nos casos em que, com apoio na própria Constituição, o Poder Judiciário, cujos membros não são eleitos, impõe restrições ou determinações a órgãos eleitos legitimamente para governar, em nome da proteção dos direitos fundamentais:

> [...] E pode inibir esse poder democrático tanto mais quanto, em segundo lugar, a indeterminação ou carácter *principal* de grande parte das normas

---

(168) *Id.* (Grafia conforme o original)
(169) *Id.*, nota 4.
(170) *Id.*
(171) *Ibid.*, p. 19-20.
(172) *Ibid.*, p. 20-21.

constitucionais de direitos fundamentais se traduza, tendencialmente, em alargamento objectivo da margem de decisão do juiz constitucional relativamente ao legislador democrático, já que este fica obrigado a observar aquelas normas na necessária, mas incerta, interpretação/concretização que delas vier a fazer o juiz constitucional.[173]

Nessa linha de pensamento, é possível identificar ainda outra situação de submissão do princípio democrático aos direitos fundamentais no Estado de Direito, também analisado como tensão entre constitucionalismo e democracia. Esta situação ocorre quando se consideram os limites impostos pela Constituição, notadamente a dirigente, ao legislador eleito pela maioria, interferindo na sua competência legislativa, com a oposição de obstáculos instransponíveis relativamente ao núcleo substantivo desses direitos.[174] Nem mesmo a autoridade democrática desse legislador permite que ultrapasse os diretos fundamentais.

Os direitos fundamentais sociais, inclusive os de natureza trabalhista, submetidos a interpretação como bens protegidos juridicamente, colocam-se sob o crivo do Judiciário. Daí ser pertinente a conclusão de que esses direitos fundamentais sociais constitucionalmente previstos "[...] não precluem a 'deliberação democrática', mas impõem que seja dada 'atenção democrática' a 'interesses humanos fundamentais' que de outro modo poderiam quedar negligenciados no 'processo político' ordinário [...]".[175]

Streck adverte[176] acerca da interpretação constitucional que é preciso ter cuidado para que a "baixa compreensão" sobre o significado da Constituição no Estado Democrático de Direito leve os direitos fundamentais, inclusive sociais, igualmente a uma "baixa aplicação". O intérprete precisa conhecer a Constituição e seus institutos, e necessita ter consciência do papel da jurisdição constitucional para que possa interpretar a Constituição não como se fosse um texto legal qualquer, ou tente adaptá-la ao que já dispõem os códigos, mas sim ao contrário.

Não é difícil constatar, assim, que a análise da jurisdição constitucional deve estar atravessada por essa perspectiva hermenêutica. Numa palavra: a inserção da justiça constitucional no contexto da realização dos direitos fundamentais-sociais — compreendida essa realização/concretização de forma subsidiária, na omissão dos poderes encarregados para tal — deve levar em conta, necessariamente, o papel assumido pela Constituição no interior do novo paradigma instituído pelo

---

(173) *Ibid.*, p. 21.
(174) *Ibid.*, p. 22.
(175) QUEIROZ, Cristina. *Direitos fundamentais sociais* — funções, âmbito, conteúdo, questões interpretativas e problemas de justiciabilidade. Coimbra: Coimbra Editora, 2006. p. 213.
(176) STRECK, Lenio Luiz. A concretização de direitos e a validade da tese da Constituição dirigente em países de modernidade tardia. In: NUNES, Antônio José Avelãs; COUTINHO, Jacinto Nelson de Miranda (Org.). *Diálogos constitucionais*: Brasil/Portugal. Rio de Janeiro: Renovar, 2004. p. 301-371, p. 340-341.

Estado Democrático de Direito. Daí a necessidade de se admitir um certo grau de deslocamento da esfera de tensão em direção à justiça constitucional.[177]

É inegável também, como observa Krell, que "talvez o maior impedimento para uma proteção mais efetiva dos Direitos Fundamentais no Brasil seja a atitude ultrapassada de grande parte dos juristas para com a interpretação constitucional cuja base até hoje consiste no *formalismo* jurídico"[178], de modo a se dar mais valor aos conceitos abstratos do que à finalidade e à realidade a que se destina a norma.

Embora não confie no Poder Judiciário quer seja porque ainda não o considere preparado adequadamente para interpretar a Constituição, quer seja porque não lhe deveria caber esta missão, mas sim aos órgãos políticos, Streck defende a sua intromissão visando a garantir a concretização dos direitos fundamentais nos casos de violações de direitos e quando do descumprimento das obrigações positivas impostas ao Estado, uma vez que "[...] as promessas de modernidade contidas no texto da Constituição não podem ficar à mercê de vontades políticas *ad hoc* dos Poderes Legislativo e Executivo [...]".[179] Para o referido autor, isso não equivale à jurisdicionalização da política, mas apenas a "[...] levar em conta o ponto de estofo que existe entre Estado e Constituição, representado por essa incindibilidade, e não pela substituição da Teoria do Estado pela Teoria da Constituição".[180]

Acresça-se, particularmente quanto aos direitos fundamentais dos trabalhadores, segundo a opinião de Coutinho, que eles "[...] são construídos, diuturnamente, a cada nova ação social, como conquista e resultado de processos reivindicatórios, servindo como instrumento de coesão social. Não são inatos, naturais ou inerentes à pessoa, capturados historicamente [...]"[181], ao contrário do que apregoa a ideologia liberal, de sorte que, quando se cogita da aplicação desses direitos, não se estará fazendo favor ou meramente protegendo a parte mais fraca dentro da relação de trabalho, mas sim reconhecendo os "[...] direitos fundamentais do cidadão-trabalhador, fortalecido em um Estado Democrático de Direito".[182]

---

(177) *Ibid.*, p. 342-343.
(178) KRELL, Andreas Joachim. *Direitos sociais e controle judicial no Brasil e na Alemanha* – os (des)caminhos de um direito constitucional "comparado". Porto Alegre: Sergio Antonio Fabris Editor, 2002. p. 71.
(179) STRECK, Lenio Luiz. A concretização de direitos e a validade da tese da Constituição dirigente em países de modernidade tardia. In: NUNES, Antônio José Avelãs; COUTINHO, Jacinto Nelson de Miranda (Org.). *Diálogos constitucionais*: Brasil/Portugal. Rio de Janeiro: Renovar, 2004. p. 301-371, p. 342, nota 58.
(180) *Ibid.*, p. 346.
(181) COUTINHO, Aldacy Rachid. A autonomia privada: em busca da defesa dos direitos fundamentais dos trabalhadores. In: SARLET, Ingo Wolfgang (Org.). *Constituição, direitos fundamentais e direito privado*. 2. ed. rev. e ampl. Porto Alegre: Livraria do Advogado, 2006. p.167-185, p.173.
(182) *Ibid.*, p. 177.

E a experiência vem demonstrando que tem sido aviltada a condição humana do trabalhador para solucionar o grave problema gerado pelas medidas econômicas com a exploração da mão de obra em nome da competitividade e eficiência. Mas a "[...] sociedade pós-industrial [...]", em que são detectadas práticas escravocratas ao lado do "[...] trabalho livre [...]"[183] exige como resposta a esse quadro a urgente eficácia dos direitos fundamentais. Daí que, quando se cogita da interpretação dos direitos fundamentais dos trabalhadores, não se pode prescindir da atuação do Poder Judiciário, devendo-se buscar a máxima concretização desses direitos perante o poder público e nas relações entre particulares.

---

(183) *Ibid.*, p. 169.

3. O MANDADO DE SEGURANÇA COMO VIA DE DEFESA JUDICIAL DOS DIREITOS FUNDAMENTAIS DOS TRABALHADORES PERANTE A JUSTIÇA DO TRABALHO

A positivação dos direitos fundamentais no direito interno dos estados permite que sejam reivindicados perante os órgãos do Poder Judiciário nacional. Esses direitos precisam de garantias para que sejam efetivados quando não satisfeitos. Nisso repousa sua justiciabilidade. Uma dessas garantias é o mandado de segurança, que embora não se destine de modo específico e somente à proteção de direitos fundamentais, uma vez que serve para reparar, também, lesão ou ameaça de lesão a direitos sem esse traço de fundamentalidade, bastando que se apresentem como líquidos e certos, praticados por autoridade do poder público, constitui relevante meio judicial previsto na própria Constituição de 1988 para aquela efetivação, sendo consideradas suas características de rapidez, rito sumário e presteza.

3.1. O mandado de segurança como instrumento de defesa dos direitos fundamentais dos trabalhadores

A proclamação de direitos fundamentais deve estar acompanhada de garantias para sua fruição sob pena de se converterem em meras promessas.

> O reconhecimento constitucional dos direitos fundamentais não é suficiente, desde que não vem acompanhado de garantias que assegurem a efetividade do livre exercício de tais direitos. As liberdades adquirem maior valor quando existem garantias que as tornam eficazes.
>
> O sistema de proteção dos direitos fundamentais concretiza-se na sua viabilização em sede jurisdicional.[184]

---

(184) BARACHO, José Alfredo de Oliveira. *Direito processual constitucional* — aspectos contemporâneos. Belo Horizonte: Fórum, 2006. p. 53.

O processo constitucional se apresenta no sistema protetivo dos direitos fundamentais oferecendo a tutela jurisdicional mediante procedimentos ordinários e procedimentos alternativos, sendo estes de natureza especial, dotados de peculiaridades caracterizadas "[...] pela preferência e sumariedade [...]".[185] Com efeito,

> Todos os direitos necessitam de garantias processuais para a sua efetiva concretização, sendo que algumas delas são sumárias. As garantias necessitam de proteção prática, concreta ou efetiva, para que não fiquem apenas como afirmações teóricas ou abstratas. As garantias constitucionais e processuais são criadas para amparo e proteção dos direitos constitucionais afetados por leis, atos do Executivo ou decisões judiciais. As ações judiciais dão eficácia prática aos direitos proclamados e garantidos. Com o surgimento dos instrumentos processuais, os direitos constitucionais passaram a ter melhores mecanismos de defesa e efetivação.[186]

Nesse contexto, tem-se o mandado de segurança, garantia constitucional prevista no art. 5º, LXIX e LXX, da Constituição de 1988, nos seguintes termos:

> LXIX — conceder-se-á mandado de segurança para proteger direito líquido e certo, não amparado por *habeas corpus* ou *habeas data*, quando o responsável pela ilegalidade ou abuso de poder for autoridade pública ou agente de pessoa jurídica no exercício de atribuições do poder público;
>
> LXX — o mandado de segurança coletivo pode ser impetrado por:
>
> a) partido político com representação no Congresso Nacional;
>
> b) organização sindical, entidade de classe ou associação legalmente constituída e em funcionamento há pelo menos um ano, em defesa dos interesses de seus membros ou associados;[187]

Como observa Buzaid, o mandado de segurança "[...] foi elevado no Brasil à eminência de garantia constitucional [...]".[188] Embora encontre antecedentes no direito comparado, no *mandamus* anglo-americano e no *amparo* mexicano, "[...] o mandado de segurança é uma criação do direito brasileiro [...]",[189] obtida a partir de construções doutrinárias e jurisprudenciais inspiradas no *habeas corpus*, e foi consagrado pela primeira vez no texto constitucional em 1934, passando a figurar, exceto na Carta de 1937, em todas as Constituições brasileiras que se seguiram.[190]

---

(185) *Ibid.*, p. 59.
(186) *Ibid.*, p. 472.
(187) BRASIL. Presidência da República. Constituição da República Federativa do Brasil. Disponível em: <http://www.planalto.gov.br/ccivil_03/Constituicao/Constituicao_Compilado.htm>. Acesso em: 3 set. 2009.
(188) BUZAID, Alfredo. *Do mandado de segurança* — do mandado de segurança individual. São Paulo: Saraiva, 1989. v. I, p. 3.
(189) *Ibid.*, p. 25.
(190) *Ibid.*, p. 28 e 30.

Seu processamento foi regulamentado primeiramente pela Lei n. 191, de 16 de janeiro de 1936; depois, pelo Decreto-Lei n. 6, de 16 de novembro de 1937, e pela Lei n. 1.533, de 31 de dezembro de 1951[191], que vigorou com alterações até recentemente quando foi revogada pela Lei n. 12.016, de 7 de agosto de 2009, publicada em 10 de agosto de 2009, que disciplina o mandado de segurança individual e coletivo entre outras providências.[192] Para Bastos e Martins,

> O mandado de segurança constitui uma forma judicial de tutela dos direitos subjetivos, ameaçados ou violados, seja qual for a autoridade responsável. É um recurso técnico-jurídico que pressupõe determinada evolução no processo de controle do poder estatal e, consequentemente, da repercussão deste sobre os indivíduos, cujos direitos só foram efetivamente protegidos com o advento do liberalismo, inspirador de solenes Declarações de Direitos e de Constituições escritas.[193]

O mandado de segurança tem natureza "[...] *de ação civil de rito sumário especial*, destinado a afastar ofensa a direito subjetivo individual ou coletivo, privado ou público, através de ordem corretiva ou impeditiva da ilegalidade [...]"[194]. Reveste-se "[...] dos atributos de verdadeira ação [...]"[195], em que se destaca a "[...] possibilidade de compelir a autoridade pública a praticar ou deixar de praticar algum ato [...]"[196], distinguindo-se das demais ações "[...] pela índole do direito que visa a tutelar [...]"[197], ou seja, o direito líquido e certo. São seus pressupostos constitucionais: **a)** direito líquido e certo, individual ou coletivo, não amparado por *habeas corpus* ou *habeas data*; **b)** ato ilegal ou abusivo **c)** praticado por autoridade pública ou agente de pessoa jurídica no exercício de atribuições do poder público. De modo resumido, tem-se, quanto ao primeiro desses pressupostos, que

> *Direito líquido e certo* é o que se apresenta manifesto na sua existência, delimitado na sua extensão e apto a ser exercitado no momento da impetração. Por outras palavras, o direito invocado, para ser amparável por mandado de segurança, há de vir expresso em norma legal e trazer em si todos os requisitos e condições de sua aplicação ao impetrante: se a sua existência for duvidosa; se a sua extensão ainda não estiver

---
(191) *Ibid.*, p. 30.
(192) BRASIL. Presidência da República. Lei n. 12.016, de 7 de agosto de 2009. Disponível em: <http://www.planalto.gov.br/ccivil_03/_Ato2007-2010/2009/Lei/L12016.htm>. Acesso em: 1º out. 2009.
(193) BASTOS, Celso Ribeiro; MARTINS, Ives Gandra da Silva. *Comentários à Constituição do Brasil*. 2. ed. atual. São Paulo: Saraiva, 2001. 2. v., p. 343.
(194) MEIRELLES, Hely Lopes. *Mandado de segurança, ação popular, ação civil pública, mandado de injunção, "habeas data"*. 13. ed. ampl. e atual. pela Constituição de 1988. São Paulo: RT, 1989. p. 8.
(195) BASTOS, Celso Ribeiro; MARTINS, Ives Gandra da Silva, *op. cit.*, p. 345.
(196) BUZAID, Alfredo. *Do mandado de segurança* — do mandado de segurança individual. São Paulo: Saraiva, 1989. v. I, p. 67.
(197) *Ibid.*, p. 74.

delimitada; se o seu exercício depender de situações e fatos ainda indeterminados, não rende ensejo à segurança, embora possa ser defendido por outros meios judiciais.[198]

Como sintetiza Agrícola Barbi,

> [...] o conceito de direito líquido e certo é tipicamente *processual*, pois atende ao modo de ser de um direito subjetivo no *processo*: a circunstância de um determinado direito subjetivo realmente existir não lhe dá a caracterização de liquidez e certeza; esta só lhe é atribuída se os fatos em que se fundar puderem ser provados de forma incontestável, certa, no *processo* [...].[199]

Esse direito líquido e certo deve situar-se fora do raio de proteção de outras garantias constitucionais especiais, isto é, o *habeas corpus,* porque é destinado à proteção da liberdade de locomoção (Constituição, art. 5º, LXVIII), e o *habeas data* cuja finalidade é "[...] assegurar o conhecimento de registros concernentes ao postulante e constantes de repartições públicas ou particulares acessíveis ao público para retificação de seus dados pessoais [...]"[200], conforme art. 5º, LXXII, também da Constituição. Embora não haja expressa referência, obviamente o mandado de segurança não poderá ser impetrado no lugar do mandado de injunção, especialmente porque este último — também uma garantia constitucional, mas de utilidade específica — pressupõe, ao contrário da existência de um direito líquido e certo, a impossibilidade de exercício dos direitos e liberdades constitucionais alusivas à nacionalidade, à soberania e à cidadania, por falta de norma regulamentadora (Constituição, art. 5º, LXXI).

O ato agressivo ou ameaçador a esse direito líquido e certo deve padecer de ilegalidade ou abuso de poder. "[...] Ilegal é todo ato *contrário* à lei [...]."[201] "A *ilegalidade* exigida hoje para a concessão do mandado de segurança não tem caráter especial: é a mesma ilegalidade necessária à proteção do direito pelas demais vias processuais"[202]. Segundo Buzaid, quanto ao abuso de poder, também constitui um modo de violar a lei[203] e "[...] é no desempenho da função que se verifica o abuso, seja pela preterição de forma legal, seja na adoção de alguma medida exorbitante da lei ou que excede de sua alçada, configurando-se já a incompetência".[204]

---

(198) MEIRELLES, Hely Lopes, *op. cit.,* p. 14.
(199) BARBI, Celso Agrícola. *Do mandado de segurança*. 6. ed. Rio de Janeiro: Forense, 1993. p. 61.
(200) MEIRELLES, Hely Lopes. *Mandado de segurança, ação popular, ação civil pública, mandado de injunção, "habeas data"*. 13. ed. ampl. e atual. pela Constituição de 1988. São Paulo: RT, 1989. p. 147.
(201) BUZAID, Alfredo. *Do mandado de segurança* — do mandado de segurança individual. São Paulo: Saraiva, 1989. v. I, p. 108.
(202) BARBI, Celso Agrícola, *op. cit.,* p. 62.
(203) BUZAID, Alfredo, *op. cit.,* p. 108.
(204) *Ibid.,* p. 108-109.

O terceiro pressuposto constitucional tem a ver com a fonte do ato omissivo ou comissivo, ameaçador ou agressivo a direito líquido e certo, que deve emanar de "autoridade pública ou agente de pessoa jurídica no exercício de atribuições do poder público" (Constituição, art. 5º, LXIX, parte final).

"Por *autoridade* entende-se a pessoa física investida de *poder de decisão* dentro da esfera de competência que lhe é atribuída pela norma legal".[205] Não se confunde com o simples agente público porque é quem "[...] detém, na ordem hierárquica, *poder de decisão* e é competente para praticar *atos administrativos decisórios*, os quais se ilegais ou abusivos, são suscetíveis de impugnação por mandado de segurança quando ferem direito líquido e certo [...]",[206] salientando-se que são atos de autoridade "[...] os que trazem em si uma decisão e não apenas execução".[207]

São, portanto, autoridades, as do Poder Executivo, federais, estaduais e municipais, isto é, toda "[...] pessoa que exerça função pública, ou detenha em suas mãos uma fração de autoridade [...]"[208]; do Poder Legislativo, notadamente "[...] aquela a que toca a direção dos trabalhos dos corpos legislativos [...]"[209]; do Poder Judiciário, tanto no exercício da atividade jurisdicional como administrativa,[210] e do Ministério Público.

Além dessas autoridades públicas propriamente ditas, podem ser alvo de mandado de segurança os "[...] *administradores ou representantes de autarquias e de entidades paraestatais* [...]"[211], enfim, todos os agentes de pessoa jurídica no exercício de atribuições do poder público.

Observe-se que a nova Lei do Mandado de Segurança (Lei n. 12.016/09) procura dar clareza e amplitude à expressão autoridade pública, estabelecendo, no art. 1º, que é considerada para seus efeitos a autoridade de qualquer categoria "e sejam quais forem as funções que exerça", e, no art. 6º, § 3º, considera "autoridade coatora aquela que tenha praticado o ato impugnado ou da qual emane a ordem para sua prática". Têm equiparação a essas autoridades "os representantes ou órgãos de partidos políticos e os administradores de entidades autárquicas, bem como os dirigentes de pessoas jurídicas ou as pessoas naturais no exercício de atribuições do poder público, somente no que disser respeito a

---

(205) MEIRELLES, Hely Lopes. *Mandado de segurança, ação popular, ação civil pública, mandado de injunção, "habeas data"*. 13. ed. ampl. e atual. pela Constituição de 1988. São Paulo: RT, 1989. p. 10.
(206) *Id.*
(207) *Id.*
(208) BUZAID, Alfredo. *Do mandado de segurança* – do mandado de segurança individual. São Paulo: Saraiva, 1989. v. I, p. 115-116.
(209) *Ibid.*, p. 126.
(210) *Ibid.*, p. 136.
(211) MEIRELLES, Hely Lopes, *op. cit.*, p. 10-11.

essas atribuições" (art. 1º, § 1º). Exclui, porém, do controle judicial via mandado de segurança, "os atos de gestão comercial praticados pelos administradores de empresas públicas, de sociedade de economia mista e de concessionárias de serviço público" (art. 1º, § 2º).[212] Isso significa que, para efeito de mandado de segurança, excetuados os casos em que pratiquem atos de gestão comercial, ou seja, alusivos a vendas de produtos e serviços, os administradores de empresas públicas, de sociedade de economia mista e de concessionárias de serviço público enquadram-se no conceito de autoridade pública.

Nesse contexto, uma vez concretizados tais requisitos constitucionais — isto é, lesão ou ameaça de lesão a direito líquido e certo, individual ou coletivo, não amparado por *habeas corpus* ou *habeas data*, praticada por ato comissivo ou omissivo ilegal ou abusivo, de autoridade pública ou agente de pessoa jurídica no exercício de atribuições do poder público — na matéria sujeita à competência da Justiça do Trabalho (matéria trabalhista), tal como alinhada no art. 114 da Constituição, estará aberta a possibilidade de impetrar-se mandado de segurança visando à proteção dos direitos dos trabalhadores em face do poder público, notadamente quando no papel de empregador, inclusive para fins de obtenção de vantagens pecuniárias, que serão pagas depois que a sentença condenatória passar em julgado, a teor do disposto no art. 14, § 3º, da Lei n. 12.016/09.

Merecem ser destacados no novo disciplinamento do mandado de segurança levado a efeito pela Lei n. 12.016/09 os seguintes aspectos, que interessam à proteção dos direitos na seara trabalhista: possibilidade de impetração individual por terceiro (art. 3º); vedação de concessão do mandado de segurança quando se tratar de ato do qual caiba recurso administrativo com efeito suspensivo desde que não se exija caução, de decisão judicial da qual caiba recurso com efeito suspensivo e de decisão judicial transitada em julgado (art. 5º); autorização ao juiz para que ao despachar a petição inicial "suspenda o ato que deu motivo ao pedido, quando houver fundamento relevante e do ato impugnado puder resultar a ineficácia da medida, caso seja finalmente deferida, sendo facultado exigir do impetrante caução, fiança ou depósito, com o objetivo de assegurar o ressarcimento à pessoa jurídica" (art. 7º, III); proibição de concessão de medida liminar e tutela antecipada nos casos de reclassificação ou equiparação de servidores públicos e de concessão de aumento ou de extensão de vantagens ou pagamento de qualquer natureza (art. 7º, §§ 2º e 5º); possibilidade de admissão do litisconsorte ativo somente até a véspera do despacho da inicial (art. 10, § 1º); duplo grau de jurisdição obrigatório para a sentença concessiva da segurança (art. 14, § 1º); impossibilidade de execução provisória da sentença nos mesmos casos em que estiver vedada a concessão da liminar ou tutela antecipada (art. 14, § 3º); pagamento de vencimentos e vantagens

---

(212) BRASIL. Lei n. 12.016, de 7 de agosto de 2009. Disponível em: <http://www.planalto.gov.br/ccivil_03/_Ato2007-2010/2009/Lei/L12016.htm>. Acesso em: 1º out. 2009.

pecuniárias assegurados em sentença concessiva de mandado de segurança a servidor público da Administração direta ou autárquica federal, estadual e municipal restrito às prestações que se vencerem a contar da data do ajuizamento da inicial (art. 14, § 4º); prioridade na tramitação dos processos de mandado de segurança, exceto sobre o *habeas corpus* (art. 20); prazo decadencial para a impetração em cento e vinte dias (art. 23); e configuração do crime de desobediência, sem prejuízo de outras sanções, contra quem descumprir as decisões proferidas em mandado de segurança (art. 26).

3.1.1. Mandado de segurança individual

Até a promulgação da Constituição de 1988, o mandado de segurança prestava-se apenas à defesa do direito individual, líquido e certo.

E "*direito individual*, para fins de mandado de segurança, é o que pertence a quem o invoca e não apenas à sua categoria, corporação ou associação de classe. É direito *próprio* do impetrante. Somente este direito legitima a impetração".[213] Em outras palavras: "[...] os direitos individuais são aqueles cuja fruição esgota-se no âmbito específico das pessoas consideradas de forma atomizada [...]", como, por exemplo, o direito de determinado locatário ocupar o imóvel, observadas as cláusulas contratuais.[214]

O mandado de segurança individual, assim, destina-se à proteção do direito individual e tem como impetrante o próprio titular do direito líquido e certo, violado ou ameaçado de lesão por ato de autoridade pública.

Note-se que a Lei n. 12.016/09 traz nova e interessante regra no art. 3º ao permitir a impetração do mandado de segurança individual não diretamente pelo titular do direito primitivo: "o titular de direito líquido e certo decorrente de direito, em condições idênticas, de terceiro poderá impetrar mandado de segurança a favor do direito originário, se o seu titular não o fizer, no prazo de 30 (trinta) dias, quando notificado judicialmente"[215], observado o prazo decadencial de cento e vinte dias. Essa autorização tem grande valia, por exemplo, nos concursos públicos, para fazer respeitar, judicialmente, o direito líquido e certo à nomeação, sem causar quebra da ordem de classificação dos aprovados no certame.

O impetrante do mandado de segurança individual pode ser o trabalhador que veja, por exemplo, ameaçado ou agredido, pelo poder público empregador,

---

(213) MEIRELLES, Hely Lopes, *op. cit.*, p. 13.
(214) CORREIA, Marcus Orione Gonçalves. *Direito processual constitucional*. São Paulo: Saraiva, 1998. p. 20.
(215) BRASIL. Lei n. 12.016, de 7 de agosto de 2009. Disponível em: <http://www.planalto.gov.br/ccivil_03/_Ato2007-2010/2009/Lei/L12016.htm>. Acesso em: 1º out. 2009.

um dos seus direitos fundamentais alinhados nos arts. 5º e 7º a 11, da Constituição, individualmente considerado, como exemplos, o direito à ampla defesa no processo administrativo disciplinar e o direito de não ser compelido a filiar-se a sindicato.

Também pode ser impetrante o empregador que, por exemplo, nos termos do art. 114, VII, da Constituição, tenha direito líquido e certo violado por ato ilegal ou abusivo, decorrente de penalidade administrativa imposta pelos órgãos de fiscalização do trabalho.

3.1.2. Mandado de segurança coletivo

Trata-se de instituto novo, criado pela Constituição de 1988[216], para proteção dos direitos coletivos líquidos e certos, insuscetíveis de amparo mediante o processo tradicional de solução individual dos conflitos.[217]

A sua finalidade é "[...] facilitar o acesso a juízo, permitindo que pessoas jurídicas defendam o interesse de seus membros ou associados sem necessidade de um mandato especial"[218], valendo-se do instituto da substituição processual, em que se postula, em nome próprio, direito alheio, atendendo-se, assim, às necessidades do mundo contemporâneo "[...] em que a lesão a direitos se dá de forma massificada e padronizada [...]", de modo a "[...] resolver todas essas situações numa única ação [...]".[219] Mandado de segurança individual e mandado de segurança coletivo

> [...] tem pontos comuns e diferença específica. São pontos comuns: — existência do mesmo instrumento de tutela jurídica de direito líquido e certo e a garantia constitucional. Distinguem-se entre si, no entanto, quer pela legitimidade ativa, quer pelo objeto, quer pela natureza do direito ou do interesse jurídico tutelado [...].[220]

Os pressupostos constitucionais de ambos são os mesmos: **a)** direito líquido e certo não amparado por *habeas corpus* ou *habeas data*; **b)** ato ilegal ou abusivo **c)** praticado por autoridade pública ou agente de pessoa jurídica no exercício de atribuições do poder público. Em sendo assim, é possível dizer-se que o mandado de segurança coletivo

---

(216) BUZAID, Alfredo. *Considerações sobre o mandado de segurança coletivo*. São Paulo: Saraiva, 1992. p. 4; BASTOS, Celso Ribeiro; MARTINS, Ives Gandra da Silva. *Comentários à Constituição do Brasil*. 2. ed. atual., São Paulo: Saraiva, 2001. 2 v., p. 376-377, e ZAVASCKI, Teori Albino. *Processo coletivo* — tutela de direitos coletivos e tutela coletiva de direitos. 2. ed. rev. e atual. São Paulo: RT, 2007. p. 209.
(217) BARBI, Celso Agrícola. *Do mandado de segurança*. 6. ed. Rio de Janeiro: Forense, 1993. p. 288.
(218) BASTOS, Celso Ribeiro; MARTINS, Ives Gandra da Silva, *op. cit.*, p. 377.
(219) *Id*.
(220) BUZAID, Alfredo. *Considerações sobre o mandado de segurança coletivo*. São Paulo: Saraiva, 1992. p. 5.

> [...] é uma ação judicial impetrada por partido político, organização sindical, entidade de classe ou associação constituída e em funcionamento há pelo menos um ano, fundando-se em direito líquido e certo ameaçado ou violado por ilegalidade ou abuso de poder, praticado por autoridade pública.[221]

O mandado de segurança coletivo recebeu disciplina processual pela Lei n. 12.016/09. Antes disso, vinha sendo processado pelo Judiciário à semelhança do mandado de segurança individual, observadas as diferenciações constitucionais quanto à titularidade e ao direito protegido (coletivo).

> *Direito coletivo*, para fins de mandado de segurança, é o que pertence a uma coletividade ou categoria representada por partido político, por organização sindical, por entidade de classe ou por associação legalmente constituída e em funcionamento há pelo menos um ano [...].[222]

Acerca do conceito de direitos coletivos, Correia adverte que, "[...] na sua concepção *lata*, englobam tanto os direitos coletivos *stricto sensu* quanto os interesses — para alguns, direitos — difusos".[223] Afirma o mesmo autor que não se deve confundir a noção de direito coletivo com os sentidos impróprios muitas vezes dados à expressão, como nos casos em que a entidade representante do grupo está defendendo interesse seu, e não da categoria representada, ou naqueles em que apenas se somam os interesses individuais dos membros da categoria como ocorre no litisconsórcio ativo em que são detectados interesses individuais homogêneos.[224] Então, a correta ideia de direitos coletivos em sentido estrito corresponde à transindividualidade em que a "[...] determinação dos titulares é relativamente possível, já que se encontram ligados por sólidas razões e não de forma efêmera e contingente [...]".[225] Esses direitos são ainda "[...] intransmissíveis, insuscetíveis de renúncia, indivisíveis quanto ao seu objeto e defendidos, na via processual, pela substituição processual [...]" em que se dispensa a autorização individual dos integrantes do grupo, considerada a autorização para agir dada pela própria lei.[226] Em sentido lato, identificam-se como direitos coletivos os direitos difusos, isto é, aqueles que, também "[...] transindividuais, caracterizam--se pela ligação mais circunstancial dos seus titulares".[227]

Superando as diversas opiniões doutrinárias acerca do alcance da expressão direitos coletivos, a Lei n. 12.016/09 esclareceu o que podem ser direitos líquidos

---

(221) *Ibid.*, p. 10.
(222) MEIRELLES, Hely Lopes *Mandado de segurança, ação popular, ação civil pública, mandado de injunção, "habeas data"*. 13. ed. ampl. e atual. pela Constituição de 1988. São Paulo: RT, 1989. p. 15.
(223) CORREIA, Marcus Orione Gonçalves. *Direito processual constitucional*. São Paulo: Saraiva, 1998. p. 20.
(224) *Ibid.*, p. 20-21.
(225) *Ibid.*, p. 21.
(226) *Ibid.*, p. 22.
(227) *Id.*

e certos defensáveis por meio do mandado de segurança coletivo em seu art. 21, I e II: "coletivos, assim entendidos, para efeito desta Lei, os transindividuais, de natureza indivisível, de que seja titular grupo ou categoria de pessoas ligadas entre si ou com a parte contrária por uma relação jurídica básica" e "individuais homogêneos, assim entendidos, para efeito desta Lei, os decorrentes de origem comum e da atividade ou situação específica da totalidade ou de parte dos associados ou membros do impetrante".[228] Esses conceitos assemelham-se ao contidos no art. 81, parágrafo único, da Lei n. 8.078, de 11 de setembro de 1990 (Código de Defesa do Consumidor).

Admite-se, então, mediante o mandado de segurança coletivo, tanto a proteção de direitos coletivos, propriamente ditos ou em sentido estrito, como a proteção coletiva de direitos individuais, desde que homogêneos, caracterizados pela divisibilidade e pela possibilidade de serem individualizados, dotados, portanto, de titularidade determinada.

Observa-se que ficaram excluídos da defesa por intermédio do mandado de segurança coletivo, segundo a Lei n. 12.016/09, os direitos coletivos em sentido lato, ou seja, os difusos "[...] transindividuais, de natureza indivisível, de que sejam titulares pessoas indeterminadas e ligadas por circunstâncias de fato".[229] Isso se explica pela incompatibilidade entre a indeterminação dos titulares do direito, que caracteriza a situação difusa, e a ideia de certeza e liquidez do direito exigida pelo mandado de segurança. Os direitos difusos podem ser defendidos adequadamente por ação civil pública.

No campo das relações de trabalho o mandado de segurança coletivo encontra abundantes hipóteses de utilidade, para proteção de direitos líquidos e certos de natureza coletiva, observados sempre os requisitos constitucionais dessa ação, sejam direitos coletivos em sentido estrito, por exemplo, o piso salarial de determinada categoria profissional ou a preservação da liberdade para exercício do seu direito de greve, sejam em sentido amplo, os denominados direitos individuais homogêneos, como a cobrança de adicional noturno devido a determinados empregados, suprimido ilegalmente pelo empregador público.

3.1.2.1. O papel dos sindicatos

Ao detalhar os legitimados para impetração do mandado de segurança coletivo, a Lei n. 12.016/09, no art. 21, coerentemente com o disposto no art. 5º, LXX, da Constituição, e com a jurisprudência firmada sobre o assunto, contempla o

---

(228) BRASIL. Presidência da República. Lei n. 12.016, de 7 de agosto de 2009. Disponível em: <http://www.planalto.gov.br/ccivil_03/_Ato2007-2010/2009/Lei/L12016.htm>. Acesso em: 1º out. 2009.
(229) BRASIL. Lei n. 8.078, de 11 de setembro de 1990. Disponível em: <http://www.planalto.gov.br/ccivil_03/LEIS/L8078compilado.htm>. Acesso em: 5 out. 2009.

> [...] partido político com representação no Congresso Nacional, na defesa de seus interesses legítimos relativos a seus integrantes ou à finalidade partidária, ou por organização sindical, entidade de classe ou associação legalmente constituída e em funcionamento há, pelo menos, 1 (um) ano, em defesa de direitos líquidos e certos da totalidade, ou de parte, dos seus membros ou associados, na forma dos seus estatutos e desde que pertinentes às suas finalidades, dispensada, para tanto, autorização especial.[230]

Apesar de seu destaque como instituição responsável pela defesa "[...] dos interesses sociais e individuais indisponíveis [...]", nos termos do art. 127 da Constituição,[231] entre os quais se encontram os direitos coletivos e os individuais homogêneos, estes últimos desde que impregnados de relevante natureza social, o Ministério Público não consta do rol dos legitimados à impetração do mandado de segurança coletivo. Mas, como salienta Bueno,

> O silêncio do art. 21, *caput*, da Lei n. 12.016/2009 não afasta a legitimidade ativa do Ministério Público para a impetração do mandado de segurança coletivo. Ela, embora não seja prevista expressamente pelo inciso LXX do art. 5º da Constituição Federal, decorre imediatamente das finalidades institucionais daquele órgão tais quais definidas pelos arts. 127 e 129, III, da mesma Carta e, infraconstitucionalmente, pelo art. 6º, VI, da Lei Complementar n. 75/1993, para o Ministério Público da União, e no art. 32, I, da Lei n. 8.625/1993, para o Ministério Público dos Estados.[232]

Independente dessa discussão sobre a legitimidade ativa, busca-se corrigir a omissão no tocante ao Ministério Público, bem como assim no que diz respeito à legitimação da Defensoria Pública quando as duas instituições estiverem no exercício de suas atribuições constitucionais, mediante Emenda Constitucional, conforme Propostas de Emenda Constitucional n. 74/07, de autoria do Senador Demóstenes Torres, e n. 84/07 do Senador José Maranhão, ambas relatadas pelo Senador Inácio Arruda em curso no Senado Federal.[233]

Note-se que, relativamente aos sindicatos, por força do art. 8º, III, da Constituição, a eles, em geral, "cabe a defesa dos direitos e interesses coletivos ou individuais da categoria, inclusive em questões judiciais ou administrativas".[234]

---

(230) BRASIL. Lei n. 12.016, de 7 de agosto de 2009. Disponível em: <http://www.planalto.gov.br/ccivil_03/_Ato2007-2010/2009/Lei/L12016.htm>. Acesso em: 1º out. 2009.
(231) BRASIL. *Constituição da República Federativa do Brasil*. Disponível em: <http://www.planalto.gov.br/ccivil_03/Constituicao/Constituiçao_Compilado.htm>. Acesso em: 03 set. 2009.
(232) BUENO, Cassio Scarpinella. *A nova Lei do Mandado de Segurança*. São Paulo: Saraiva, 2009. p. 127.
(233) BRASIL. Senado Federal. Propostas de Emenda Constitucional n. 74 e 84, de 2007. Disponível em: <http://www.senado.gov.br/sf/atividade/materia/Consulta.asp?STR_TIPO=PEC&TXT_NUM=74&TXT_ANO=2007&Tipo_Cons=6&IND_COMPL=&FlagTot=1>. Acesso em: 06 out. 2009.
(234) BRASIL. *Constituição da República Federativa do Brasil*. Disponível em: <http://www.planalto.gov.br/ccivil_03/Constituicao/Constituiçao_Compilado.htm>. Acesso em: 03 set. 2009.

Entre as diversas questões polêmicas sobre os legitimados para o mandado de segurança coletivo, o Supremo Tribunal Federal proclamou não se aplicar aos entes sindicais a exigência de funcionamento há pelo menos um ano para impetração do mandado de segurança coletivo[235] (mas somente para as associações). O STF também proclamou que "a entidade de classe tem legitimação para o mandado de segurança ainda quando a pretensão veiculada interesse apenas a uma parte da respectiva categoria" (Súmula n. 630), e que "a impetração de mandado de segurança coletivo por entidade de classe em favor dos associados independe da autorização destes" (Súmula n. 629).[236]

Observe-se que o Supremo Tribunal Federal distingue a legitimação extraordinária constitucional para impetração do mandado de segurança coletivo, tal como prevista no art. 5º, LXX, da Constituição, da legitimação comum para representação coletiva, em juízo, dos associados, pelas respectivas associações, objeto do art. 5º, XXI, também da Constituição, e, por isso, assentou o entendimento de que não se aplica ao mandado de segurança coletivo a "[...] exigência inscrita no art. 2º-A da Lei n. 9.494/97, de instrução da petição inicial com a relação nominal dos associados da impetrante e da indicação dos seus respectivos endereços [...]". [237]

Outro aspecto relevante sobre o mandado de segurança coletivo, alusivo à "pertinência temática" entre os fins da entidade de classe impetrante e o objeto da impetração, acha-se deslindado pelo Supremo Tribunal Federal, no sentido de que

> [...] o objeto do mandado de segurança coletivo será um direito dos associados, independentemente de guardar vínculo com os fins próprios da entidade impetrante do *writ*, exigindo-se, entretanto, que o direito esteja compreendido nas atividades exercidas pelos associados, mas não se exigindo que o direito seja peculiar, próprio, da classe [...].[238]

Isso significa que esse direito reivindicado tanto pode estar relacionado com os fins do impetrante como estar atrelado à atividade de seus associados. Cumpre observar, também, que

---

(235) BRASIL. Supremo Tribunal Federal. Proc. Recurso Extraordinário n. 198.919-0-DF, 1. Turma, relator Min. Ilmar Galvão, julgado em 15 jun. 1999. *Diário de Justiça da União*, Brasília, DF, 24 set. 1999. Disponível em: <http://www.stf.jus.br/portal/jurisprudencia/listarJurisprudencia.asp?s1=%28RE$.SCLA.%20E%20198919.NUME.%29%20OU%20%28RE.ACMS.%20ADJ2%20198919.ACMS.%29&base=baseAcordaos>. Acesso em: 5 out. 2009.
(236) BRASIL. Supremo Tribunal Federal. Súmulas 629 e 630. Disponível em: <http://www.stf.jus.br/portal/constituicao/artigoBd.asp#visualizar>. Acesso em: 5 out. 2009.
(237) BRASIL. Supremo Tribunal Federal. Proc. Mandado de Segurança n. 23.769-BA, Pleno, relatora Min. Ellen Gracie, julgado em 03 abr. 2002. *Diário de Justiça da União*, Brasília, DF, 30 abr. 2004. p. 33. Disponível em: <http://www.stf.jus.br/portal/jurisprudencia/listarJurisprudencia.asp>. Acesso em: 06 out. 2009.
(238) BRASIL. Supremo Tribunal Federal. Proc. Mandado de Segurança n. 22.132-RJ, Pleno. Relator Min. Carlos Velloso, julgado em 21 ago. 1996. *Diário de Justiça*, Brasília, DF, 18 nov. 1996. p. 39848. Disponível em: <http://www.stf.jus.br/portal/jurisprudencia/listarJurisprudencia.asp>. Acesso em: 6 out. 2009.

[...] o mandado de segurança coletivo, como garantia constitucional fundamental que é, deve ter sua eficácia potencializada em grau máximo. As eventuais limitações que possa merecer, que não decorram expressa ou implicitamente da própria Constituição, supõem fundamento razoável e previsão específica em lei.[239]

O papel dos sindicatos como legitimados ativos para impetração do mandado de segurança coletivo é, assim, relevante e expressamente contemplado no art. 5º, LXX, "b", da Constituição.

Essa importância, no âmbito do mandado de segurança, não se esgota na defesa dos direitos coletivos líquidos e certos, e na defesa coletiva de direitos individuais homogêneos, mas, também, no plano dos direitos individuais não homogêneos, por força do disposto no art. 8º, III, da Constituição, observando-se que, nesse caso, incidirá a figura da representação processual, para a qual será necessária autorização do titular do direito para que a entidade aja em seu nome. Saliente-se, ainda, que nas relações de trabalho vigora a Lei n. 5.584, de 26 de junho de 1970, que, no art. 14, defere aos sindicatos a incumbência de prestar assistência judiciária ao trabalhador necessitado, assim considerado aquele que receber salário mensal não superior a dois salários mínimos ou que esteja em situação econômica que não lhe permita demandar em juízo sem prejuízo de seu sustento ou da família.

3.2. Mandado de segurança e competência da Justiça do Trabalho

A legislação trabalhista refere-se ao mandado de segurança somente para indicar a competência dos Tribunais Regionais do Trabalho e do Tribunal Superior do Trabalho. Nada diz acerca dessa competência para os órgãos de primeiro grau da Justiça do Trabalho (Juízes das Varas do Trabalho).

A Consolidação das Leis do Trabalho[240], no art. 678, I, "b", 3, com texto dado pela Lei n. 5.442, de 24 de maio de 1968, defere ao Pleno dos Tribunais Regionais do Trabalho a competência originária para processar e julgar os mandados de segurança.

A competência do Tribunal Superior do Trabalho está disciplinada pela Lei n. 7.701, de 21 de dezembro de 1988[241], de modo que cabe à sua Seção de Dissídios

---

(239) ZAVASCKI, Teori Albino. *Processo coletivo* — tutela de direitos coletivos e tutela coletiva de direitos. 2. ed. rev. e atual. São Paulo: RT, 2007. p. 219.
(240) BRASIL. *Consolidação das Leis do Trabalho*. Disponível em: <http://www.planalto.gov.br/ccivil_03/Decreto-Lei/Del5452.htm>. Acesso em: 1º set. 2009.
(241) BRASIL. Lei n. 7.708, de 21 de dezembro de 1988. Disponível em: <http://www.planalto.gov.br/ccivil_03/LEIS/L7701.htm#art4>. Acesso em: 1º set. 2009.

Coletivos, originariamente, julgar os mandados de segurança impetrados contra atos praticados por Ministros em processo de dissídio coletivo (art. 2º, I, "d"), e, em última instância, os recursos ordinários interpostos das decisões dos Tribunais Regionais do Trabalho, em mandados de segurança referentes a dissídios coletivos (art. 2º, II, "b"); e à Seção de Dissídios Individuais compete julgar, originariamente, "os mandados de segurança, de sua competência originária, na forma da lei" (art. 3º, I, "b")[242], e, em última instância, os recursos ordinários das decisões dos Tribunais Regionais do Trabalho proferidas nos processos de sua competência originária (art. 3º, III, "a"), entre os quais, os mandados de segurança referidos na Consolidação das Leis do Trabalho, art. 678, I, "b", 3, que não digam respeito a dissídio coletivo.

Além disso, a Lei Orgânica da Magistratura Nacional (Lei Complementar n. 35, de 14 de março de 1979), no art. 21, VI, estabelece que compete, privativamente, aos tribunais "[...] julgar, originariamente, os mandados de segurança contra seus atos, os dos respectivos Presidentes e os de suas Câmaras, Turmas ou Seções"[243].

Cabimento do mandado de segurança na Justiça do Trabalho, natureza do regime jurídico de trabalho dos servidores públicos e competência da Justiça do Trabalho são temas interdependentes, mas sujeitos a enfoques distintos, tendo como marco temporal a Emenda Constitucional n. 45/04, que alterou, entre outros dispositivos, o art. 114 da Constituição da República de 1988.

3.2.1. Situação anterior à Emenda Constitucional n. 45, de 30 de dezembro de 2004

Antes da Emenda Constitucional n. 45/04, que trata da reforma do Poder Judiciário, não se tinha referência explícita, no texto constitucional, à competência

---

(242) Mas quem, efetivamente, disciplina essa competência, na falta de lei, é o Regimento Interno do Tribunal Superior do Trabalho. Assim, cabe ao respectivo Órgão Especial, em matéria judiciária, "julgar mandado de segurança impetrado contra atos do Presidente ou de qualquer Ministro do Tribunal, ressalvada a competência das Seções Especializadas", e "julgar os recursos interpostos contra decisões dos Tribunais Regionais do Trabalho em mandado de segurança de interesse de Juízes e servidores da Justiça do Trabalho" (art. 69, I, "b" e "c"). E compete à Subseção II (órgão fracionado da Seção de Dissídios Individuais), originariamente, "julgar os mandados de segurança contra os atos praticados pelo Presidente do Tribunal, ou por qualquer dos Ministros integrantes da Seção Especializada em Dissídios Individuais, nos processos de sua competência" (art. 71, III, "a", 2), e, em última instância, "julgar os recursos ordinários interpostos contra decisões dos Tribunais Regionais em processos de dissídio individual de sua competência originária" (art. 71, III, "c", 1), entre os quais os mandados de segurança decididos pelos Regionais em matéria que não se refira a dissídio coletivo. Disponível em: <http://www.tst.jus.br/DGCJ/IndiceResolucoes/ResAdm/1295.html>. Acesso em: 1º set. 2009.
(243) BRASIL. Lei Complementar n. 35, de 14 de março de 1979. Disponível em: <http://www.planalto.gov.br/ccivil_03/Leis/LCP/Lcp35.htm>. Acesso em: 1º set. 2009.

da Justiça do Trabalho para mandado de segurança. Quem cuidava disso era a legislação ordinária, na Consolidação das Leis do Trabalho e Lei n. 7.701/88 antes mencionadas, e, implicitamente, a Lei Complementar n. 35/79.

3.2.1.1. Critérios para definição da competência

A competência é necessária para demarcar os "limites de atuação de cada um dos juízes no exercício da função jurisdicional"[244] própria do Estado e exercida pelo Poder Judiciário.

A competência interna segue classificação guiada por critérios lógicos em razão do território, das pessoas, da matéria, do valor da causa e funcional.[245]

Quando se cogita de mandado de segurança, que, além de garantia constitucional, é uma ação, não se deve esquecer a teoria geral do processo, de sorte que

> O juiz, quando do julgamento do pedido do autor de qualquer ação, deverá, antes de entrar no mérito, examinar os requisitos relativos à existência ou estabilidade da relação jurídico-processual, bem como aqueles relativos às condições da ação (CPC, art. 267, IV e VI).
>
> O primeiro pressuposto processual a ser examinado é o do 'juiz competente'. E o 'juiz competente', no caso da ação de mandado de segurança, é firmado pela 'autoridade coatora'.
>
> Nas ações não-especiais, se assim podemos dizer para diferenciar, a competência do órgão judicante é fixada de acordo com a matéria em lide, com o valor da causa, com o território, com a pessoa do litigante. Já no mandado de segurança, o critério é sobretudo firmado *ratione muneris*, isto é, tendo em conta a 'função' ou o 'cargo' da autoridade coatora. À evidência, mesmo comandado pelo cargo ou função da autoridade coatora, outros elementos, todos secundários, influirão na fixação do juiz natural do mandado de segurança. Desse modo, o 'território' em que se acha sediada a autoridade coatora e a própria matéria, como se dá, por exemplo, com mandado de segurança impetrado na Justiça Eleitoral. Mas, de qualquer sorte, a tônica da competência advém sempre do cargo ou função do impetrado.[246]

---

(244) CORREIA, Marcus Orione Gonçalves. *Direito processual constitucional*. São Paulo: Saraiva, 1998. p. 63.
(245) *Ibid.*, p. 65.
(246) MACIEL, Adhemar Ferreira. Observações sobre autoridade coatora no mandado de segurança. In: TEIXEIRA, Sálvio de Figueiredo (Coord.). *Mandados de segurança e de injunção*. São Paulo: Saraiva, 1990. p. 167-197. p. 178.

Focalizando a relação processual do mandado de segurança, nesse sentido também são as palavras de Agrícola Barbi:

> A determinação da competência para o julgamento dos mandados de segurança está assentada, segundo Castro Nunes, em dois princípios: a) o da qualificação da autoridade coatora como 'federal' ou 'local'; b) o da 'hierarquia' daquela autoridade. É, em princípio, uma competência estabelecida pela qualidade e graduação daquelas pessoas e não pela natureza da questão a ser apreciada no mandado de segurança.[247]

Meirelles é incisivo em torno da mesma linha de pensamento: "[...] para a fixação do juízo competente em mandado de segurança, não interessa a natureza do ato impugnado; o que importa é a sede da autoridade coatora e a sua categoria funcional, reconhecida nas normas de organização judiciária pertinentes [...]".[248] E acresce Meirelles:

> Observamos, finalmente que com impropriedade se têm denominado de mandado de segurança 'criminal', 'eleitoral', 'trabalhista' os que são impetrados perante essas Justiças. Há manifesto equívoco nessas denominações, pois todo mandado de segurança é *ação civil*, regida sempre pelas normas da Lei n. 1.531/51 (*sic*) e do Código de Processo Civil, qualquer que seja o juízo competente para julgá-los. Para fins de segurança não importa a origem do ato impugnado nem a natureza das funções da autoridade coatora, visto que todos se sujeitam ao preceito nivelador do inciso LXIX, do art. 5º, da Constituição da República.[249]

Constata-se, então, a prevalência do critério orientado pela sede e pela categoria funcional da autoridade impetrada, para fixação da competência para conhecer do mandado de segurança, sobejando a matéria questionada como critério complementar, de modo a direcionar a impetração para a Justiça comum ou uma das especializadas.

3.2.1.2. A jurisprudência ignorada do Supremo Tribunal Federal

Tal linha de pensamento acha-se imbricada com a própria questão do cabimento do mandado de segurança para dirimir questões trabalhistas, resolvida com resposta negativa, a qual teve seu ápice na Súmula n. 195 do antigo Tribunal Federal de Recursos, que preconizava não ser o mandado de segurança a via processual idônea para dirimir litígios trabalhistas. Essa Súmula manteve-se prestigiada na jurisprudência do Superior Tribunal de Justiça:

---

(247) BARBI, Celso Agrícola. *Do mandado de segurança*. 6. ed. Rio de Janeiro: Forense, 1993. p. 133.
(248) MEIRELLES, Hely Lopes. *Mandado de segurança, ação popular, ação civil pública, mandado de injunção, "habeas data"*. 13. ed. ampl. e atual. pela Constituição de 1988. São Paulo: RT, 1989. p. 45.
(249) *Ibid.*, p. 47.

Mandado de segurança. Reclamação trabalhista. Continua em vigor a Súmula 195 do extinto Tribunal Federal de Recursos, que dispõe: o mandado de segurança não é meio processual idôneo para dirimir litígios trabalhistas. Mandado de segurança não conhecido.[250]

Então, nesse passo, não tinha cabimento mandado de segurança para atacar os atos praticados por autoridade pública na qualidade de empregador.

O dito entendimento, porém, ignorava a jurisprudência do Supremo Tribunal Federal que, com fundamento na doutrina de Agustín Gordillo, não mais considera a teoria da dupla personalidade do Estado, de modo a ter em conta que é sempre pública a atividade do Estado. Confira-se o seguinte aresto nesse sentido:

> Mandado de segurança: cabimento: ato de autoridade: dispensa de servidor público por decreto presidencial. A atividade estatal é sempre pública, ainda que inserida em relações de direito privado e sobre elas irradiando efeitos; sendo, pois, ato de autoridade, o decreto presidencial que dispensa servidor público, embora regido pela legislação trabalhista, a sua desconstituição pode ser postulada em mandado de segurança [...].[251]

Consequentemente, para o Supremo Tribunal Federal deve ser admitido o mandado de segurança também para controle dos atos de ordem privada, desde que produzidos por ação ou omissão de autoridade pública, donde se incluem aqueles relacionados com a celebração, execução e extinção de contratos de trabalho pelo poder público, observada, quanto à competência originária, a combinação dos critérios de hierarquia e qualificação da autoridade coatora, como feito no mesmo MS n. 21.109-1-DF, com a matéria questionada, tal qual decidido no acórdão proferido sob a seguinte ementa:

> Competência — mandado de segurança. A competência para processar e julgar mandado de segurança impetrado por ex-empregado contra empregador, muito embora sociedade de economia mista, de estatura federal, em fase de liquidação, é da Justiça do Trabalho, por enquadrar-se no art. 114 da Constituição Federal.[252]

A posição adotada em tais decisões do Supremo Tribunal Federal, seja quanto ao cabimento do mandado de segurança para solucionar questões trabalhistas, seja quanto à possibilidade de considerar-se a matéria (trabalhista) para definição

---

(250) BRASIL. Superior Tribunal de Justiça. Proc. MS n. 648-1990-0012531-6/DF, 1. Seção. Rel. Min. José de Jesus Filho, julgado em 24 Set. 1991. *Diário de Justiça da União*, Brasília, DF, 11 maio 1992. p. 6399. Disponível em: <http://www.stj.jus.br/SCON/jurisprudencia/doc.jsp?livre=sumula+195+TFR&&b=ACOR&p=true&t=&l=10&i=>. Acesso em: 2 set. 2009.
(251) BRASIL. Supremo Tribunal Federal. Proc. MS n. 21.109-1-DF, Pleno. Rel. Min. Sepúlveda Pertence, julgado em 08 maio 1991. *Diário de Justiça da União*, Brasília, DF, 19 fev. 1993. p. 02033. Disponível em: <http://www.stf.jus.br/portal/jurisprudencia/listarJurisprudencia.asp>. Acesso em: 02 set. 2009.
(252) BRASIL. Supremo Tribunal Federal. Proc. MS-AgRg n. 21.200-4-DF, Pleno, rel. Min. Marco Aurélio, julgado em 24 set. 1992. *Diário de Justiça da União*, Brasília, DF, 10 set. 1993. p. 18375. Disponível em: <http://www.stf.jus.br/portal/jurisprudencia/listarJurisprudencia.asp?s1=(21200.NUME. OU 21200.ACMS.)("MARCO AURÉLIO".NORL. OU "MARCO AURÉLIO".NORV. OU "MARCO AURÉLIO".NORA. OU "MARCO AURÉLIO".ACMS.)&base=baseAcordaos>. Acesso em: 2 set. 2009.

da competência, permaneceu ignorada tanto pelo Superior Tribunal de Justiça — responsável por dirimir os conflitos de competência entre Justiça Comum e Justiça do Trabalho à luz do art. 105, I, "d", da Constituição da República de 1988 — quanto pelos próprios órgãos da Justiça trabalhista, como demonstrado no item 3.2.1.3.

3.2.1.3. Entendimento dominante na Justiça do Trabalho e a mitigação do mandado de segurança

Em consequência do critério *ratione muneris* e diante da interpretação dada às disposições da Consolidação das Leis do Trabalho, da Lei n. 7.701/88 e da Lei Complementar n. 35/79, acima referidas, para fixação da competência em mandado de segurança, a impetração foi amesquinhada na Justiça do Trabalho, com apoio da jurisprudência capitaneada pelo Tribunal Superior do Trabalho, no sentido de restringi-la ao controle de atos dos juízes e tribunais trabalhistas, restando os atos praticados pelas demais autoridades, mesmo que em matéria trabalhista, para a competência da Justiça Estadual ou da Justiça Federal, conforme a qualidade do coator. Disso é exemplo o seguinte aresto:

> Mandado de segurança coletivo. Ato de presidente de sociedade de economia mista. Incompetência da Justiça do Trabalho.
>
> 1. O mandado de segurança coletivo da competência do Judiciário Trabalhista é unicamente o que ataca ato das respectivas autoridades (art. 21, VI, da LC n. 35/79).
>
> 2. O que fixa a competência da Justiça do Trabalho, no caso, não é a natureza da matéria, a qualidade da entidade sindical do impetrante, ou provir de empregador o ato impugnado: a tônica é dada apenas pelo ato de autoridade atacado, que, no caso, para determinar a competência da Justiça do Trabalho deve emanar da própria Justiça do Trabalho.
>
> 3. Recurso ordinário a que se nega provimento.[253]

Observa-se, pois, que o trabalhador, individual ou coletivamente, vítima de ato ilegal ou abusivo de autoridade pública, não encontrava apoio na Justiça do Trabalho para resguardar-se de lesão ou ameaça de lesão a seu direito líquido e certo.

A garantia do mandado de segurança, antes da Emenda Constitucional n. 45/04, nos foros trabalhistas, achava-se restrita ao ataque de atos administrativos praticados pelos juízes ou tribunais da Justiça do Trabalho, tais como os relativos a concursos públicos para ingresso nos quadros dessa Justiça e disputas por promoções na carreira da magistratura.

---

(253) BRASIL. Tribunal Superior do Trabalho. Proc. TST-RO-MS n. 328.699/1996, SBDI2. Relator Ministro João Oreste Dalazen, julgado em 16 jun. 1998. *Diário de Justiça da União*, Brasília, DF, 14 ago. 1998. Disponível em:<http://brs02.tst.jus.br/cgi-bin/nphbrs?d=BLNK&s1=Ato+e+presidente+e+sociedade+e+economia +e+mista+e+Incompet%EAncia+&s2=ju01.base.&u=http://www.tst.gov.br/jurisprudencia/brs/nspit/n_nspitgen_un.html&p=1&r=1&f=G&l=0>. Acesso em: 2 set. 2009.

Outra utilização da impetração, muito frequente, aliás, dava-se como simples sucedâneo de agravo de instrumento para hostilizar decisões judiciais interlocutórias irrecorríveis de imediato no processo do trabalho, considerado o disposto no art. 893, § 1º, da Consolidação das Leis do Trabalho, particularmente as antecipações de tutela e liminares, expressamente reconhecidas na Súmula n. 414 do Tribunal Superior do Trabalho.

3.2.1.4. Posição da doutrina

Ao tratar da Justiça do Trabalho e socorrendo-se de antiga jurisprudência do Tribunal Superior do Trabalho, Agrícola Barbi abona o entendimento de que, na ausência de normas sobre a competência para o mandado de segurança, deve-se ter "[...] assentado o princípio de que o juízo competente para conhecer da medida é o de primeira instância, seguindo-se a graduação hierárquica dos tribunais no mecanismo das instâncias desta Justiça Especializada",[254] ressalvando-se a competência originária dos Tribunais Regionais do Trabalho e do Tribunal Superior do Trabalho.

Teixeira Filho[255], no entanto, nega competência para conhecer de mandado de segurança aos órgãos de primeiro grau da Justiça do Trabalho — antigas Juntas de Conciliação e Julgamento, hoje Juízes do Trabalho — tanto que os arts. 652 e 653, da Consolidação das Leis do Trabalho, omitiram-se de mencionar o mandado de segurança entre as ações confiadas à competência originária desses órgãos. E explica essa negação de competência porque:

> [...] se for coatora alguma autoridade vinculada à administração (federal, estadual ou municipal), à legislatura (idem), ou à organização judiciária que não seja a do Trabalho, a incompetência desta Justiça especializada chega a ser ofuscante, devendo ser mencionado, no caso de autoridade coatora ser federal, o art. 109, VIII, da Constituição da República, que comete a competência aos juízes federais; se a autoridade coatora for efetivamente da Justiça do Trabalho, haverá, mesmo assim, incompetência da Juntas de Conciliação e Julgamento em virtude da *hierarquia*, pois se dita autoridade for de primeiro grau a competência será do Tribunal Regional; se de segundo ou de terceiro graus, a competência para apreciar a ação de segurança será do Tribunal Superior do Trabalho.[256]

Esse pensamento demonstra a prevalência da qualidade e do *status* funcional da pessoa do impetrado como elemento colocado em primeiro lugar para fixação da competência da Justiça do Trabalho em mandado de segurança. Embora represente

---

(254) BARBI, Celso Agrícola. *Do mandado de segurança*. 6. ed. Rio de Janeiro: Forense, 1993. p. 138.
(255) TEIXEIRA FILHO, Manoel Antonio. *Mandado de segurança na justiça do trabalho individual e coletivo*. São Paulo: LTr, 1992. p. 177.
(256) *Id*.

a maioria entre os doutrinadores trabalhistas, não se harmoniza com a ideia de quem, atento à jurisprudência do Supremo Tribunal Federal (item 3.2.1.2 acima), admite o mandado de segurança para dirimir questões trabalhistas e afirma que, "[...] na falta de regra especial, compete à Justiça do Trabalho de primeiro grau conhecer do mandado de segurança cuja lide seja de natureza trabalhista [...]".[257]

3.2.2. Competência da Justiça do Trabalho para o mandado de segurança segundo o novo art. 114, IV, da Constituição da República

O novo art. 114, IV, da Constituição da República, introduzido pela Emenda Constitucional n. 45/04, traz a expressa competência da Justiça do Trabalho para processar e julgar os mandados de segurança, "[...] quando o ato questionado envolver matéria sujeita à sua jurisdição".[258]

É induvidoso, a partir daí, que todos os órgãos dessa Justiça estão habilitados ao deslinde de mandados de segurança, não apenas quando tiverem por objeto atos praticados por juízes e tribunais do trabalho mas também quando se referirem às ações alinhadas nos demais incisos do referido art. 114.

3.2.2.1. Prevalência do critério material

A Emenda Constitucional n. 45/04, ao dar nova redação ao art. 114, IV, da Constituição, alterou o tradicional parâmetro orientado pela pessoa do coator, utilizado por força da jurisprudência então dominante para definição da competência da Justiça do Trabalho para processar e julgar mandados de segurança, passando a dar prioridade ao critério da matéria discutida, pondo fim a divergências e consolidando no texto constitucional a jurisprudência do Supremo Tribunal Federal publicada em 1993, acima transcrita.

Observa Chaves que essa inovação permite o manejo do mandado de segurança não apenas como sucedâneo recursal e contra atos dos magistrados trabalhistas, como vinha ocorrendo largamente, abrindo-se a possibilidade de impetração "[...] também para o Primeiro Grau (sic) de jurisdição, nos casos de autoridades públicas federais vinculadas à fiscalização do trabalho, bem assim relacionadas com o registro sindical".[259]

---

(257) MEIRELES, Edilton. Mandado de segurança na relação de emprego. In: BUENO, Cassio Scarpinella; ALVIM, Eduardo Arruda; WAMBIER, Teresa Arruda Alvim (Coord.). *Aspectos polêmicos e atuais do mandado de segurança 51 anos depois*. São Paulo: RT, 2002. p. 238-245. p. 245.
(258) BRASIL. *Constituição da República Federativa do Brasil*. Disponível em: <http://www.planalto.gov.br/ccivil_03/Constituicao/Constituiçao_Compilado.htm>. Acesso em: 03 set. 2009.
(259) CHAVES, Luciano Athayde. Dos ritos procedimentais das novas ações na Justiça do trabalho. In: COUTINHO, Grijalbo Fernandes; FAVA, Marcos Neves (Coord.). *Justiça do trabalho*: competência ampliada. São Paulo: LTr, 2005. p. 316-330. p. 323-324.

Esse critério em razão da matéria atrai, também, para a Justiça do Trabalho, os mandados de segurança impetrados pelos trabalhadores, ou seus representantes, diretamente contra os atos praticados pelos empregadores públicos — situação não admitida anteriormente — e, ainda, outros atos de autoridade (além dos magistrados trabalhistas e do poder público empregador) que se refiram a matéria trabalhista, tais como os praticados pelos membros do Ministério Público do Trabalho decorrentes da atuação nos inquéritos civis e demais procedimentos investigatórios que lhes são atribuídos por lei, atos que, pelo anterior critério prioritário do *status* funcional do impetrado, eram controlados via mandado de segurança pelos juízes federais de primeira instância.

Da mesma forma a impetração contra atos das autoridades da fiscalização trabalhista, nesses casos encontrando-se fundamento no item IV e também no item VII, do novo art. 114 da Constituição, podendo figurar como impetrante tanto um trabalhador, vítima de omissão da fiscalização, por exemplo, como os empregadores que tenham sofrido abuso de poder ou ilegalidade por autoridades do Ministério do Trabalho e Emprego.

A concentração do controle dos atos do poder público, mediante o mandado de segurança em matéria trabalhista perante a Justiça do Trabalho, traz a grande vantagem de abolir o anterior sistema que permitia a cisão da jurisdição nessa matéria, causando transtornos que levavam a paradoxos capazes de gerar decisões distintas porque proferidas por juízes diferentes. Por exemplo, a discussão em sede de mandado de segurança perante o juiz federal sobre o registro sindical de determinada entidade junto ao Ministério do Trabalho e Emprego, e perante o juiz do trabalho, via reclamação trabalhista na qual o trabalhador invocava a qualidade de estável por força do exercício de encargo de direção na entidade sindical cujo registro estava sendo discutido na outra esfera do Judiciário.

3.2.2.2. O critério da sede funcional e status *da autoridade coatora*

Esse critério, antes da Emenda Constitucional n. 45/04, como visto, situava-se em primeiro lugar para definição da competência da Justiça do Trabalho em mandado de segurança.

Na vigência dessa Emenda, com a preponderância do critério orientado em razão da matéria, ele passou a ter papel secundário, porém útil para fixação da competência hierárquica entre os órgãos da Justiça do Trabalho.

Dessa forma, excluída a competência originária do Tribunal Superior do Trabalho e dos Tribunais Regionais do Trabalho, alinhada no art. 678, I, "b", 3, da Consolidação das Leis do Trabalho e na Lei n. 7.701/88, em matéria trabalhista, reconhece-se a competência funcional originária dos juízes das Varas do Trabalho.

Tratando-se de matéria trabalhista e fazendo-se uma interpretação sistemática que considere o art. 114, IV, da Constituição,(260) no caso de autoridades com foro previsto no Superior Tribunal de Justiça, notadamente os Ministros de Estado (Constituição da República, art. 105, "b"), chega-se à conclusão de que os mandados de segurança contra seus atos serão processados e julgados por tribunal de estatura equivalente, isto é, o Tribunal Superior do Trabalho.(261)

O mesmo raciocínio é feito para outras autoridades com foro nos Tribunais de Justiça, conforme a legislação estadual, a exemplo dos Governadores e Secretários de Estado cujos mandados de segurança quando versarem matéria trabalhista devem ser julgados originariamente por um tribunal de grau equivalente, ou seja, o Tribunal Regional do Trabalho com jurisdição no respectivo Estado.

Deve ser registrada a exceção a essa regra da competência em razão da matéria quando se tratar da competência originária do Supremo Tribunal Federal, que tem competência para todas as matérias e se rege, no tocante ao mandado de segurança, pelo critério do *status* funcional da autoridade coatora nos termos do art. 102, I, "d" da Constituição, ou seja, quando figurar como impetrado, além desse mesmo Tribunal, o Presidente da República, as Mesas da Câmara dos Deputados e do Senado Federal, o Tribunal de Contas da União e o Procurador Geral da República. Aliás, assim reconheceu o referido Tribunal no Proc. MS n. 21.109-1-DF:

> [...] 3. S.T.F.: Competência: Mandado de segurança contra ato do Presidente da República, embora versando matéria trabalhista. A competência originária para julgar mandado de

---

(260) O Supremo Tribunal Federal, ao dispor sobre o exercício do direito de greve no serviço público, aplicou raciocínio semelhante, espelhando-se na competência originária do Tribunal Superior do Trabalho e dos Tribunais Regionais do Trabalho em questões sobre dissídios coletivos dos trabalhadores do setor privado, de âmbito nacional e regional, de maneira que, tratando-se de greve no serviço público de âmbito nacional ou que alcance mais de um Estado ou região da Justiça Federal, a competência para a ação será do Superior Tribunal de Justiça e, se de âmbito local ou regional, do Tribunal de Justiça do Estado ou do Tribunal Regional Federal — este no caso de servidores federais. BRASIL. Supremo Tribunal Federal. Proc. Mandado de Injunção n. 708/DF. Rel. Min. Gilmar Mendes, julgado em 25 out. 2007. *Diário de Justiça da União*, Brasília, DF, 31 out. 2008. Disponível em: <http://www.stf.jus.br/portal/jurisprudencia/listarJurisprudencia.asp?s1=mandado e segurança e competência e ato e ministro e matéria e trabalhista&base=baseAcordaos>. Acesso em: 4 set. 2009.

(261) O Superior Tribunal de Justiça, no entanto, tem acórdão em sentido contrário, isto é, afirmando sua competência originária para conhecer de mandado de segurança quando apontado como coator o Ministro do Trabalho e Emprego, mesmo em matéria trabalhista (questionamento de registro sindical). BRASIL. Superior Tribunal de Justiça. Proc. MS n. 10295.2005.0001694-2/DF, 1. Seção, rel. Min. Denise Arruda, julgado em 23 nov. 2005. *Diário de Justiça da União*, Brasília, DF, 12 dez. 2005. p. 251. Disponível em: <http://www.stj.jus.br/SCON/jurisprudencia/doc.jsp?livre=compet%EAncia+mandado+seguran%E7a+ato+ministro+estado+mat%E9ria+trabalhista&&b=ACOR&p=true&t=&l=10&i=6>. Acesso em: 04 set. 2009. Esse julgado está equivocado por dois motivos: primeiramente porque a regra contida no art. 114, IV, da Constituição, é posterior à prevista no art. 105, I, "b", da mesma Carta, revogando-a no que pertine à competência trabalhista, e, em segundo lugar, porque a competência da Justiça do Trabalho é que advém de regra especial, e, não, a do Superior Tribunal de Justiça.

segurança é determinada segundo a hierarquia da autoridade coatora e não, segundo a natureza da relação jurídica alcançada pelo ato coator. A competência do Supremo Tribunal Federal, órgão solitário de cúpula do Poder Judiciário nacional, não se pode opor a competência especializada, *ratione materiae*, dos seus diversos ramos [...].[262]

3.2.2.3. Subsiste a competência meramente em razão da pessoa do impetrado, na Justiça do Trabalho (art. 21, VI, da Lei Complementar n. 35/79)?

Merece ser perquirido se o critério em razão da matéria adotado pelo novo art. 114, IV, da Constituição invalida a regra contida no art. 21, VI, da Lei Orgânica da Magistratura Nacional, que dá aos tribunais competência privativa para originariamente julgar mandados de segurança cujo objeto sejam atos praticados por seus órgãos. Nesse caso, não se considera a matéria discutida.

Na vigência da Emenda Constitucional n. 45/04 o antigo dispositivo da Lei Complementar focalizada deve ser lido em cotejo com o novo art. 114, IV, da Constituição, de modo a não se desprezar o critério material nele realçado, concluindo-se que, ressalvada a competência intocável do Supremo Tribunal Federal, quando se tratar de ato trabalhista à luz do elenco do mesmo art. 114, deve-se reconhecer a competência da Justiça do Trabalho por um de seus tribunais para processar e julgar originariamente o mandado de segurança impetrado contra os demais tribunais. A hipótese será rara, mas não impossível na prática.

3.2.3. A situação dos servidores públicos submetidos ao regime jurídico único

Chamado a interpretar o novo texto do art. 114 da Constituição, decorrente da Emenda Constitucional n. 45/04, o Supremo Tribunal Federal, na medida cautelar à ADI n. 3.395-6-DF, reafirmou seu posicionamento de que os litígios havidos entre o poder público e servidores públicos, fundados em relação jurídica estatutária ou administrativa, são da competência da Justiça comum e não da Justiça do Trabalho:

> EMENTA: INCONSTITUCIONALIDADE. Ação direta. Competência. Justiça do Trabalho. Incompetência reconhecida. Causas entre o Poder Público e seus servidores estatutários. Ações que não se reputam oriundas de relação de trabalho. Conceito estrito desta relação. Feitos da competência da Justiça Comum. Interpretação do art. 114, inc. I, da CF, introduzido pela EC 45/2004.

---

(262) BRASIL. Supremo Tribunal Federal. Proc. MS n. 21.109-1-DF, Pleno. Rel. Min. Sepúlveda Pertence, julgado em 08 maio 1991. *Diário de Justiça da União*, Brasília, DF, 19 fev. 1993. p. 02033. Disponível em: <http://www.stf.jus.br/portal/jurisprudencia/listarJurisprudencia.asp>. Acesso em: 2 set. 2009.

Precedentes. Liminar deferida para excluir outra interpretação. O disposto no art. 114, I, da Constituição da República, não abrange as causas instauradas entre o Poder Público e servidor que lhe seja vinculado por relação jurídico-estatutária.[263]

Quanto ao regime jurídico que enlaça a Administração Pública aos servidores públicos, a redação original do art. 39 da Constituição da República de 1988 previa que União, Estados, Distrito Federal e Municípios instituissem regime jurídico único e planos de carreira para os servidores da Administração Pública direta, bem como autarquias e fundações públicas. Em 1998 a Emenda Constitucional n. 19 introduziu profunda alteração na redação do artigo, abolindo completamente a obrigatoriedade desse regime único, de sorte que tais entidades ficaram livres para seguir mais de um regime — administrativo e contratual trabalhista — podendo, inclusive, adotá-los concomitantemente.

No entanto, o Supremo Tribunal Federal, também em medida cautelar, acolheu a arguição de inconstitucionalidade formal da modificação efetuada pela Emenda Constitucional n. 19/98, e restaurou, com efeito *ex nunc*, o conteúdo original do art. 39 da Constituição (ADI/MC n. 2.135/DF), preservando, porém, até final julgamento da ADI, a validade dos atos já praticados com fundamento nas leis que tenham sido editadas enquanto vigorou a referida Emenda.

3.2.3.1. Os servidores da Administração Pública direta, autárquica e fundacional: o compulsório regime jurídico único de natureza administrativa (STF/ADI n. 2.135/DF)

Ao suspender cautelarmente por inconstitucionalidade formal a vigência do *caput* do art. 39 da Constituição com a redação dada pela Emenda n. 19/98, o Supremo Tribunal Federal reconheceu que, por ocasião da elaboração dessa Emenda, a figura do contrato de emprego público que se pretendia instituir não recebeu a necessária votação majoritária de três quintos dos Deputados Federais, em primeiro turno de votação, como se constata em trecho da ementa do respectivo acórdão:

> [...] 1. A matéria votada em destaque na Câmara dos Deputados no DVS n. 9 não foi aprovada em primeiro turno, pois obteve apenas 298 votos e não os 308 necessários. Manteve-se, assim, o então vigente *caput* do art. 39, que tratava do regime jurídico único, incompatível com a figura do emprego público. 2. O deslocamento do texto do § 2º do art. 39, nos termos do substitutivo aprovado, para o *caput* desse mesmo dispositivo representou, assim, uma tentativa de superar a não aprovação do DVS n. 9 e evitar a permanência do regime jurídico único previsto na redação original suprimida, circunstância que permitiu a implementação do contrato de emprego público ainda que à revelia da regra constitucional que exige o *quorum* de três quintos para aprovação de qualquer mudança constitucional [...].[264]

---

(263) BRASIL. Supremo Tribunal Federal. Proc. n. ADI/MC 3.395-6-DF, rel. Min. Cezar Peluso, julgado em 05 abr. 2006. *Diário de Justiça da União*, Brasília, DF, 10 nov. 2006. p. 49. Disponível em: <http://www.stf.jus.br/portal/jurisprudencia/listarJurisprudencia.asp?s1=(3395.NUME.OU 3395.ACMS.)&base=baseAcordaos>. Acesso em: 3 set. 2009.
(264) BRASIL. Supremo Tribunal Federal. Proc. n. ADI/MC 2.135-DF, rel. Min. Ellen Gracie, julgado em 02 ago. 2007. *Diário de Justiça Eletrônico*, Brasília, DF, 07 mar. 2008. Disponível em: <http://www.stf.jus.br/

Tal decisão significa, na prática, que a adoção do regime jurídico único é compulsória para a Administração Pública direta, autárquica e fundacional de União, Estados, Distrito Federal e Municípios, e que esse regime jurídico único é, obrigatoriamente, o de natureza administrativa ou estatutária, não podendo mais os referidos entes adotar o regime contratual da Consolidação das Leis do Trabalho.

3.2.3.2. A exclusão do pessoal sob regime administrativo do direito de ação perante a Justiça do Trabalho

A natureza do regime jurídico regedor das relações entre Administração Pública e seus servidores é determinante para a fixação da competência da Justiça do Trabalho para deslindar as respectivas questões, inclusive mediante o mandado de segurança.

E a consequência do reconhecimento compulsório do regime jurídico único de natureza estatutária no serviço público, desde a ADI/MC n. 2.135-DF, é que não compete à Justiça do Trabalho e sim à Justiça comum, Federal ou Estadual, dirimir os litígios entre as pessoas jurídicas de direito público interno e respectivos servidores.

Não têm, portanto, os servidores públicos, à luz do pensamento do Supremo Tribunal Federal consagrado na ADI/MC n. 2.135-DF, direito de ação perante a Justiça do Trabalho, ressalvados os litígios pertinentes ao período em que vigorou a Emenda Constitucional n. 19/98, considerado o efeito *ex nunc* dado à proclamação cautelar da inconstitucionalidade formal no tocante ao texto emendado do art. 39 da Constituição.

3.2.3.3. Os empregados das sociedades de economia mista e empresas públicas

A restrição ao direito de escolha do regime jurídico único às pessoas jurídicas de direito público interno, levada a efeito pela decisão cautelar acima transcrita, praticamente esvazia a competência da Justiça do Trabalho quando se cogita de mandado de segurança que tem como finalidade, como é cediço, o controle judicial dos atos de autoridade pública, eivados de ilegalidade ou abuso de poder, impetrado pelo trabalhador para defesa de direito líquido e certo em face do empregador público.

Tal competência, nessa hipótese, fica reduzida aos mandados de segurança contra atos dos entes da Administração Pública indireta, dotados de personalidade jurídica de direito privado (empresas públicas e sociedades de economia mista) que seguem o regime da Consolidação das Leis do Trabalho, à luz do art. 173, § 1º, II, da Constituição da República.

---

portal/jurisprudencia/listarJurisprudencia.asp?s1=%282135.NUME.%20OU%202135.ACMS.%29&base=baseAcordaos>. Acesso em: 7 set. 2009.

Mas, para que se possa chegar a tal conclusão, é preciso perquirir a possibilidade de manejo do mandado de segurança contra atos desses entes da Administração Pública indireta, considerada sua personalidade jurídica de direito privado.

O problema tem relevância porque, se não for admitida a impetração em casos tais, nem mesmo os empregados das referidas entidades da Administração Pública poderão socorrer-se do mandado de segurança diante dos atos ilegais e abusivos praticados por seus dirigentes com ofensa a direito líquido e certo, tornando, por completo, inadmissível o mandado de segurança na Justiça do Trabalho, como instrumento de proteção judicial do empregado em face do empregador público.

Com efeito, o Tribunal Superior do Trabalho entendia que o ato produzido por órgãos da Administração Pública direta e indireta, especificamente por empresas públicas e sociedades de economia mista, referente às relações de trabalho, não era passível de mandado de segurança, visto não se tratar de ato de autoridade, como exemplificam os dois arestos seguintes:

> Mandado de segurança — Relação empregatícia — Punição disciplinar — Sociedade de economia mista — Não conhecimento. A administração pública, direta ou indireta, quando contrata empregados, submete-se às regras e princípios que são próprios de relação jurídica de direito privado. Os atos que pratica não estão atrelados ao seu poder de império, porque não oriundos de autoridade, mas sim de empregador, que, no polo da relação de emprego, tem direitos e obrigações disciplinados pela CLT e legislação complementar. Logo, a recorrida, empresa de economia mista, praticou atos de gestão, no regime particular e não publicístico, ainda que norteados pela finalidade pública, de forma que o mandado de segurança revela-se totalmente inadequado, como remédio jurídico para impugná-los, como bem decidiu o v. acórdão regional. Recurso não provido.[265]

> Mandado de segurança coletivo — Cabimento — Empresa concessionária do poder público. A eventual lesão, causada pela empresa concessionária de serviço público a direito de seus empregados, ainda que líquido e certo, não será passível de mandado de segurança, pois decorre de atos de gestão privada, e não, do exercício da autoridade pública, delegada. Esta limitação, que se assenta na própria caracterização do remédio adotado, impede se resguardem direitos vinculados ao contrato de trabalho, situados, portanto, fora das lindes conceituais do mandado, pois derivam, não do exercício da atividade delegada, mas daquela relacionada com a simples gestão privada. Para defesa desses direitos, há remédio próprio, a reclamação.[266]

Observa-se que esse posicionamento[267] não admitia mandado de segurança para dirimir litígio trabalhista (tal como fazia a mencionada Súmula n. 195 do

---

(265) BRASIL. Tribunal Superior do Trabalho. Proc. n. RO-MS 344247/1997, SBDI-2, rel. Min., Milton Moura França, julgado em 03 jun. 1998. *Diário de Justiça da União*, Brasília, DF, 28 ago. 1998. p. 325. Disponível em: <http://brs02.tst.jus.br/cgi-bin/nph-brs?d=BLNK&s1=mandado+e+seguran%E7a+e+cabimento+e+ato+e+sociedade+e+economia+e+mista&s2=ju01.base.&u=http://www.tst.gov.br/jurisprudencia/brs/nspit/n_nspitgen_un.html&p=1&r=3&f=G&l=0>. Acesso em: 07 set. 2009.

(266) BRASIL. Tribunal Superior do Trabalho. Proc. n. AG-MS 11713/1990, SDC. Rel. Min. Hylo Gugel, julgado em 25 jun. 1991. *Diário de Justiça da União*, Brasília, DF, 16 ago. 1991. p. 10868. Disponível em: <http://brs02.tst.jus.br/cgi-bin/nph-brs?d=BLNK&s1=mandado+e+seguran%E7a+e+cabimento+e+ato+e+empresa+e+p%FAblica&s2=ju01.base.&u=http://www.tst.gov.br/jurisprudencia/brs/nspit/n_nspitgen_un.html&p=1&r=16&f=G&l=0>. Acesso em: 07 set. 2009.

(267) MACIEL, Adhemar Ferreira. Observações sobre autoridade coatora no mandado de segurança. In: TEIXEIRA, Sálvio de Figueiredo (Coord.). *Mandados de segurança e de injunção*. São Paulo:

extinto Tribunal Federal de Recursos) e que não considerava o ato dos dirigentes das empresas públicas e sociedades de economia mista ato de autoridade porque seria de mera gestão e, como tal, insuscetível de ataque via mandado de segurança, era fiel ao pensamento reinante à época, o qual adotava a doutrina repudiada pelo Supremo Tribunal Federal, conforme processos n. MS-21.109-1-DF, rel. Min. Sepúlveda Pertence, e n. MS-AgRg 21.200-4-DF, rel. Min. Marco Aurélio, referidos no item 3.2.1.2 acima.

Desta forma, porque "a atividade estatal é sempre pública, ainda que inserida em relações de direito privado e sobre elas irradiando efeitos" (STF, MS-21.109-1-DF), de modo a configurar ato de autoridade aquele que dispensar servidor público submetido à legislação trabalhista, podendo a sua desconstituição ser postulada em mandado de segurança, o qual, ressalvada a competência originária do Supremo Tribunal Federal, insere-se na competência da Justiça do Trabalho.

Portanto, a antiga corrente de pensamento restritiva do mandado de segurança em situações tais se acha superada.

Ressalte-se que os atos praticados por agentes das sociedades de economia mista e empresas públicas são considerados atos de autoridade pública, para efeito de mandado de segurança:

> Para fins de mandado de segurança, contudo, consideram-se *atos de autoridade* não só os emanados das autoridades públicas propriamente ditas, como, também, os praticados por *administradores ou representantes de autarquias e de entidades paraestatais*, e, ainda, os de pessoas naturais ou jurídicas com funções delegadas, como são os *concessionários de serviços de utilidade pública* no que concerne a essas funções (art. 1º, §1º). Não se consideram atos de autoridade, passíveis de mandado de segurança, os praticados por pessoas ou instituições particulares, cuja atividade seja apenas *autorizada* pelo Poder Público, como são as organizações hospitalares, os estabelecimentos bancários, e as instituições de ensino, salvo quando desempenham atividade *delegada* (STF, Súmula 510).[268]

"Ato de autoridade, destarte, é toda manifestação do Poder Público no desempenho de sua função ou a pretexto de exercê-la"[269], e "[...] as *decisões* dos

---

Saraiva, 1990. p. 167-197, p. 191-192, fiel à jurisprudência do extinto Tribunal Federal de Recursos, bem retrata a ideia de impossibilidade de caracterização, como ato de autoridade, daquele praticado por órgão da administração pública em uma relação trabalhista, e, consequentemente, não reparável mediante mandado de segurança.
(268) MEIRELLES, Hely Lopes. *Mandado de segurança, ação popular, ação civil pública, mandado de injunção, "habeas data"*. 13. ed. ampl. e atual. pela Constituição de 1988. São Paulo: RT, 1989. p. 10-11.
(269) BASTOS, Celso Ribeiro; MARTINS, Ives Gandra da Silva. *Comentários à Constituição do Brasil*. 2. ed. atual., São Paulo: Saraiva, 2001. 2 v., p. 361.

dirigentes (das empresas públicas e sociedades de economia mista) equiparam-se a atos de autoridade para efeito de ajuizamento de mandado de segurança, ação popular e ação civil pública [...]".[270] Então,

> [...] é cabível a impetração de segurança contra empresas públicas, sociedades de economia mista e fundações instituídas pelo Poder Público, submetidas a regime de direito privado. Basta para tanto que elas, à sua qualidade de pessoas jurídicas privadas, venha agregar a condição de delegatárias de serviço público, a qualquer título (concessão, autorização ou permissão).[271]

Observa-se, portanto, para efeito de submissão a mandado de segurança, que a distinção entre atos de gestão e atos de império é irrelevante, em sintonia com a jurisprudência do Supremo Tribunal Federal acima apreciada, e que o simples fato de tratar-se de ato de empresa pública ou sociedade de economia mista também não impede ou exclui o cabimento do referido mandado.[272]

Na vigência do regime constitucional de 1988 não é correta a singela repetição de frases prontas no sentido de que a Administração Pública, notadamente por suas pessoas jurídicas de direito privado, quando contrata trabalhadores sob a disciplina da Consolidação das Leis do Trabalho, iguala-se, em tudo, às empresas privadas, despindo-se da qualidade de poder público. E assim porque, mesmo adotando o regime de pessoal das empresas privadas, deve submissão aos princípios constitucionais inscritos no art. 37 da Constituição, salientando-se a observância do concurso público para contratação de empregados, proibição de acumulação de empregos, cargos e funções públicas ao seu pessoal, equiparação de seus empregados a funcionários públicos para efeito de crimes contra a Administração Pública, responsabilização por improbidade administrativa e limite de remuneração a esses empregados.[273]

A esse rol de particularidades, em contraste com as empresas privadas, acresça-se a submissão desses entes da Administração Pública indireta, no plano federal, à Lei do Processo Administrativo (Lei n. 9.784, de 29 de janeiro de 1999)[274] e, em

---

(270) MEDAUAR, Odete. *Direito administrativo moderno*. 13. ed. rev. e atual. São Paulo: RT, 2009. p. 92.
(271) BASTOS, Celso Ribeiro; MARTINS, Ives Gandra da Silva, *op. cit.*, p. 363.
(272) A atual jurisprudência do Tribunal Superior do Trabalho não mais restringe o mandado de segurança na esfera trabalhista. Exemplo do manejo dessa ação, por empregado, contra ato de empresa pública empregadora, para defesa do direito líquido à apuração de falta disciplinar com observância do devido processo legal, é visto no Proc. n. AI-RR 376/2007-003-22-40, 2. Turma, relator Ministro Renato de Lacerda Paiva, julgado em 26 ago. 2009. DEJT 18 set. 2009. Disponível em: <http://brs02.tst.jus.br/cgi-bin/nph-brs?s1=4893314.nia.&u=/Brs/it01.html&p=1&l=1&d=blnk&f=g&r=1>. Acesso em: 28 set. 2009.
(273) MEDAUAR, Odete. *Direito administrativo moderno*. 13. ed. rev. e atual. São Paulo: RT, 2009. p. 93 e 279.
(274) BRASIL. Lei n. 9.784, de 29 de janeiro de 1999. Disponível em: <http://www.planalto.gov.br/ccivil_03/Leis/L9784.htm>. Acesso em: 5 out. 2009.

especial, a situação da Empresa Brasileira de Correios e Telégrafos, empresa pública que, nada obstante a personalidade jurídica de direito privado, goza dos privilégios processuais e fiscais reservados à Fazenda Pública (isenção de custas processuais, prazo em quádruplo para contestar e em dobro para recorrer, além do pagamento das condenações judiciais por meio de precatório), como lhe reconheceu o Supremo Tribunal Federal[275], por força do monopólio postal sob os seus cuidados. Nesse contexto, deve-se admitir o cabimento do mandado de segurança contra atos dos dirigentes das empresas públicas e sociedades de economia mista, alusivos a contratos de trabalho.

---

(275) BRASIL. Supremo Tribunal Federal. Proc. Recurso Extraordinário n. 220.906/DF, Pleno, relator Ministro Maurício Corrêa, julgado em 11 nov. 2000. *Diário de Justiça da União*, Brasília, DF, 14 nov. 2002. p. 15. Disponível em: <http://www.stf.jus.br/portal/jurisprudencia/listarJurisprudencia.asp?s1= correios+e+fazenda+e+p%FAblica&pagina=3&base=baseAcordaos>. Acesso em: 5 out. 2009.

4. APORTES DA AUTORA: CASOS CONCRETOS DE MANDADO DE SEGURANÇA NA JUSTIÇA DO TRABALHO

A pouca exploração doutrinária do tema objeto desta obra abre oportunidade para que na busca de um diálogo entre a teoria e a prática sejam aventadas situações de cabimento do mandado de segurança na Justiça do Trabalho, tendo em conta sua competência em razão da matéria determinada pelo art. 114, IV, da Constituição, com novo texto dado pela Emenda Constitucional n. 45/04.

4.1. A relevância, para a defesa dos direitos fundamentais dos trabalhadores, da adoção do critério material para definição da competência da Justiça do Trabalho quanto ao mandado de segurança

Como se viu no capítulo 3, até a promulgação da Emenda Constitucional n. 45/04, o mandado de segurança, apesar de seu elevado *status* de garantia constitucional destinada à defesa de direito líquido e certo ameaçado ou agredido por ato de autoridade do poder público, não tinha aplicação na Justiça do Trabalho para a defesa direta dos próprios direitos dos trabalhadores, notadamente seus direitos fundamentais, prestando-se quase que exclusivamente para atacar decisões dos juízes, não recorríveis de imediato, proferidas nas ações trabalhistas.

Assim, o novo paradigma inserido no art. 114, item IV, da Constituição, representado pela eleição do critério material (trabalhista) como traço definidor da competência da referida Justiça para conhecer do mandado de segurança, colocando-se acima do antigo critério ditado pela qualidade e hierarquia da autoridade impetrada, tem aspectos de relevância bem delineados.

O primeiro relaciona-se com a viabilização da reivindicação ou defesa do próprio direito fundamental, individual ou coletivo, previsto para os trabalhadores em suas relações com o poder público mediante o mandado de segurança. Trata-se de uma alternativa entre várias ações de rito comum já colocadas à disposição desses jurisdicionados, tal como a reclamação trabalhista, com a vantagem de, considerado seu rito especial, outorgar uma prestação jurisdicional mais rápida, sem delongas probatórias e de execução ou cumprimento também mais célere, simplificado e eficiente como ocorre com as ações mandamentais.

Outro aspecto relevante consiste na unificação da jurisdição sobre temas trabalhistas na Justiça do Trabalho, trazendo para esse foro especializado questões outras que, nada obstante o aspecto trabalhista, achavam-se confiadas à Justiça comum, como as ações sobre representação sindical e as referentes a penalidades administrativas impostas pela fiscalização trabalhista aos empregadores cujo desfecho interfere diretamente nas relações entre trabalhador e empregador, definindo, por exemplo, respectivamente, o direito à estabilidade de representante sindical no emprego e à configuração de laço empregatício apontado pela citada fiscalização.

4.2. Direitos fundamentais defensáveis em mandado de segurança na seara trabalhista

A escolha do critério material como determinante para a competência da Justiça do Trabalho em mandado de segurança, à luz dos incisos do art. 114 da Constituição da República, permite sejam alinhadas algumas situações de cabimento do referido mandado, considerada a classificação dos direitos fundamentais dos trabalhadores em: específicos trabalhistas, não específicos trabalhistas, mas integrados às relações de trabalho, e inespecíficos não trabalhistas, como indicado no capítulo 1.

a) Quando se tratar de ato comissivo ou omissivo, lesivo ou ameaçador a direito líquido e certo do empregado[276], praticado na formação, execução, alteração ou extinção do contrato de trabalho — de natureza trabalhista, portanto — por autoridade pública, dentro da relação de trabalho (na qualidade de empregador), tais como:[277]

— dispensa imotivada de empregado público portador de garantia de emprego, a exemplo da gestante, do empregado eleito para direção da comissão interna de prevenção de acidentes e do dirigente sindical, ou, ainda que motivada essa dispensa, não precedida de inquérito judicial para apuração de falta grave (Constituição, art. 8º, VIII, e art. 10, II, "a" e "b", do ADCT; art. 853 da Consolidação das Leis do Trabalho);

---

[276] Aqui compreendidos os direitos que não dependem de regulamentação ou já estão regulamentados na legislação infraconstitucional.
[277] Localizam-se nesse rol a ameaça e a agressão a direitos específicos trabalhistas.

— obstáculo à fruição do seguro-desemprego (art. 7º, II, da Constituição), sonegando-se a documentação necessária à sua postulação junto ao estabelecimento bancário pagador;

— não efetivação dos depósitos do fundo de garantia do tempo de serviço (art. 7º, III, da Constituição);

— não pagamento do salário mínimo fixado em lei (art. 7º, IV, da Constituição);

— inobservância do piso salarial da categoria profissional (art. 7º, V, da Constituição);

— redução salarial não negociada coletivamente[278] (art. 7º, VI, da Constituição) com as entidades sindicais representantes da categoria profissional dos trabalhadores da empresa pública ou da sociedade de economia mista empregadora;

— inadimplemento do décimo terceiro salário (art. 7º, VIII, da Constituição);

— inobservância do adicional noturno (art. 7º, IX, da Constituição);

— descontos salariais ilegais (art. 7º, X, da Constituição), tais aqueles para saldar dívidas não alimentícias;

— negação à participação nos lucros e resultados, bem como na gestão da empresa — sociedade de economia mista ou empresa pública (art. 7º, XI, da Constituição);

— desrespeito ao salário-família (art. 7º, XII, da Constituição);

— descumprimento da jornada de trabalho (art. 7º, XIII e XIV, da Constituição), com a exigência de jornada diária exaustiva acima do previsto em lei;

— desatenção ao repouso semanal remunerado (art. 7º, XV, da Constituição);

— inobservância da remuneração do serviço extraordinário de valor superior, no mínimo, a cinquenta por cento da remuneração pela hora normal de trabalho (art. 7º, XVI, da Constituição);

— desrespeito ao direito de gozo e remuneração das férias anuais (art. 7º, XVII, da Constituição);

— inobservância da licença à gestante e da licença-paternidade (art. 7º, XVIII e XIX, da Constituição, e art. 10, §1º, do ADCT);

— desrespeito a medidas legais de proteção do mercado de trabalho da mulher (art. 7º, XX, da Constituição e Lei n. 7.799/99), a exemplo da não oferta, pela empresa, de cursos de formação de mão de obra também a mulheres;

---

(278) O poder público, enquanto empregador, ressalvadas as empresas públicas e sociedades de economia mista, não pode firmar acordos e convenções coletivas de trabalho com os sindicatos de servidores (STF, ADI n. 492-1-DF).

— descumprimento do aviso-prévio (art. 7º, XXI, da Constituição e art. 487 da Consolidação das Leis do Trabalho) por ocasião da despedida imotivada do trabalhador pelo empregador;[279]

— não observância das normas de saúde, higiene e segurança no trabalho[280] (art. 7º, XXII, da Constituição, e arts. 154 e seguintes, da Consolidação das Leis do Trabalho), como exemplo o não fornecimento de equipamento de proteção individual ou coletivo exigido para o exercício de atividade insalubre ou perigosa;

— inobservância dos adicionais[281] de periculosidade e insalubridade (art. 7º, XXIII, da Constituição e arts. 192 e 193, da Consolidação das Leis do Trabalho) devidos aos empregados que trabalharem em condições perigosas ou insalubres;

— não reconhecimento de acordos e convenções coletivas de trabalho[282] (art. 7º, XXVI, da Constituição), por exemplo, exigindo-lhes registro em Cartório quando basta o depósito no Ministério do Trabalho e Emprego (art. 614, §1º, da Consolidação das Leis do Trabalho);

— desrespeito à isonomia salarial nas funções e nos critérios de admissão (art. 7º, XXX, da Constituição), tal como o empregador pagar salários diferentes a trabalhadores que desempenhem a mesma função com a mesma perfeição (art. 461 e parágrafos, da Consolidação das Leis do Trabalho);

— discriminação negativa ao trabalhador com deficiência (art. 7º, XXXI, da Constituição), por exemplo, com o pagamento de salário menor que os demais empregados ou lhe negando uma promoção somente por causa da deficiência;

— distinção entre trabalho manual, técnico e intelectual ou entre os respectivos profissionais (art. 7º, XXXII, da Constituição);

— desrespeito à proteção do trabalho do menor (art. 7º, XXXIII, da Constituição), por exemplo, recusando a aprendizagem ao trabalhador maior de quatorze anos de idade;

---

[279] Na jurisprudência do Tribunal Superior do Trabalho, apesar de o art. 37 da Constituição exigir motivação dos atos praticados pela administração pública, inclusive empresas públicas e sociedades de economia mista, ainda prevalece o entendimento de que tais entidades podem dispensar trabalhadores imotivadamente. Confira-se a Orientação Jurisprudencial n. 247, da SBDI-1 (BRASIL. Tribunal Superior do Trabalho. *Orientação Jurisprudencial*, n. 247, da Seção de Dissídios Individuais 1. Disponível em: <http://www.tst.jus.br/Cmjpn/livro_html_atual.html#SBDI-1>. Acesso em: 23 out. 2009).

[280] No entanto, quando se cogita de reparação por danos morais e materiais sofridos pelo trabalhador, individual ou coletivamente, causados pelo empregador público, não se vislumbra, na prática, o cabimento do mandado de segurança para esse fim, uma vez que depende de providências e requisitos difíceis de serem enquadrados no conceito de "direito líquido e certo", tais a dilação probatória e a apuração da extensão do dano e fixação de seu valor.

[281] O adicional de penosidade ainda carece da regulamentação exigida pelo art. 7º, XXIII, da Constituição, relativamente aos trabalhadores regidos pela Consolidação das Leis do Trabalho.

[282] Reitere-se que o poder público, enquanto empregador, exceto quando se tratar de empresas públicas e sociedades de economia mista, não pode firmar acordos e convenções coletivas de trabalho com os sindicatos de servidores (STF, ADI n. 492-1-DF).

— formulação de exigências não autorizadas acerca de registro sindical, bem como interferência ou intervenção na organização sindical (art. 8º, I, da Constituição),[283] a exemplo do apoio patronal a determinado candidato a encargo de direção do sindicato;

— recusa injustificada à realização do desconto em folha de pagamento dos empregados, a título de contribuição para custeio do sistema confederativo sindical, bem como da contribuição sindical compulsória (art. 8º, IV, da Constituição, e art. 579 da Consolidação das Leis do Trabalho);[284]

— inobservância da liberdade de filiação sindical (art. 8º, V, da Constituição), tal como o ato de dar emprego ou dispensar somente quem não for sindicalizado[285];

— recusa à prerrogativa-dever dos sindicatos de participação nas negociações coletivas de trabalho (art. 8º, VI, da Constituição);

— desrespeito ao exercício do direito coletivo de greve, tal como o ato do empregador público contra seus empregados ou o sindicato de sua categoria profissional que cerceie ou tente dificultar o exercício do direito de greve (art. 9º da Constituição) com a aplicação de punições ou, mesmo, demissão arbitrária, aos grevistas — caso típico para defesa em mandado de segurança coletivo;

— inobservância do direito do empregado de participação nos colegiados dos órgãos públicos (art. 10 da Constituição), tal como o Conselho Curador do Fundo de Garantia do Tempo de Serviço;

— desrespeito ao direito de representação nas empresas com mais de duzentos empregados (art. 11 da Constituição);

— desrespeito ao direito de não ser submetido a trabalho forçado ou em condições análogas à escravidão (arts. 1º, III, e 5º, III, da Constituição, e Convenções ns. 29 e 105, da Organização Internacional do Trabalho), tal como a retenção do trabalhador no local de trabalho por conta de dívidas contraídas perante o empregador, ou por força de proibição de saída mediante vigilância, inclusive armada.

---

(283) Nesses casos, a competência da Justiça do Trabalho para o mandado de segurança também se fundamenta nos itens III e IV, do art. 114, da Constituição, e o Estado pode figurar como devedor dessas obrigações enquanto poder público responsável pelo registro sindical (Ministério do Trabalho e Emprego) e também na qualidade de empregador.
(284) Nessa hipótese, o credor imediato da prestação não é o trabalhador, mas sim o ente sindical, e a competência da Justiça do Trabalho para o mandado de segurança se fundamenta nos itens III e IV, do art. 114, da Constituição.
(285) Arnaldo Süssekind (*Direito constitucional do trabalho*. Rio de Janeiro: Renovar, 1999. p. 236) enfatiza, a propósito, que é nula "[...] qualquer cláusula de convenção coletiva ou de outro instrumento normativo, regulamento de empresa ou contrato individual de trabalho que subordine a admissão em emprego ou a aquisição de direitos à condição de ser trabalhador sindicalizado (*closed shop*) ou de não sindicalizar-se (*yellow dog contract*)".

b) Quando se tratar de ato comissivo ou omissivo, lesivo ou ameaçador a direito líquido e certo do empregado não arrolado como direito trabalhista, mas comum a todas as pessoas, porém invocável nas relações de trabalho, passando, assim, a integrar o catálogo de direitos referentes a essas relações, individual ou coletivamente, praticado na formação, execução, alteração ou extinção de um contrato de trabalho, por autoridade pública dentro da relação de trabalho (na qualidade de empregador), tais como[286]:

— contratação de empregado sem observância da ordem de classificação no concurso para o emprego público (art. 37, II, da Constituição);

— desrespeito ao direito à igualdade em geral (art. 5º e I, da Constituição), por exemplo, preferência, não autorizada constitucionalmente, por empregados de determinada etnia ou origem familiar nacional ou estrangeira;

— desrespeito ao direito de inclusão e manutenção no trabalho à pessoa com deficiência (art. 27 da Convenção das Nações Unidas sobre os Direitos das Pessoas com Deficiência, aprovada, em nível de Emenda Constitucional, pelo Decreto Legislativo n. 186, de 2008, e Decreto n. 3.298/99), por exemplo, não contratação de trabalhadores com deficiência, segundo a cota compulsória que deve ser cumprida por empresas com mais de cem empregados em seus quadros;

— descumprimento do direito ao ambiente de trabalho adequado e à saúde no trabalho (arts. 225 e 200, II e VIII, da Constituição).[287]

c) Quando se cuidar de ato comissivo ou omissivo, lesivo ou ameaçador a direito líquido e certo do empregado — direito esse não específico dos trabalhadores, nem integrado ao rol de direitos fundamentais trabalhistas, uma vez que titulado por todas as pessoas, mas que, apesar dessa largueza e generalidade, pode ser invocado em um plano geral de aplicação das normas constitucionais e legais inclusive por quem for parte estranha à relação de trabalho, de modo que a sanção ao infrator é encontrada não nas leis trabalhistas, mas sim no respectivo sistema legal em que se der a infração mediante ato praticado na formação, execução, alteração ou extinção de um contrato de trabalho, por autoridade pública dentro da relação de trabalho (na qualidade de empregador), como os exemplos a seguir[288]:

— imposição de penalidade disciplinar ou despedida do emprego sem observância do devido processo legal ou do direito de defesa do empregado (art. 5º, LIII, LIV, LV e LVI, da Constituição, e Lei n. 9.784/99, no plano federal);

---

(286) Nesse elenco encontram-se a lesão e a ameaça de lesão a direitos fundamentais inespecíficos dos trabalhadores, mas alçados às relações de trabalho (veja item 1.2.1.2).
(287) Observe-se que o Estado pode figurar como devedor das obrigações decorrentes desses direitos enquanto apenas poder público (sistema único de saúde) e na qualidade de empregador;
(288) Nesse rol encontram-se a lesão e a ameaça de lesão a direitos fundamentais inespecíficos não trabalhistas (veja item 1.2.1.3).

— desrespeito à liberdade de manifestação de pensamento (art. 5º, IV, da Constituição);

— desrespeito à liberdade de consciência e crença (art. 5º, VI e VIII, da Constituição), tal como a preferência para contratação ou a dispensa de trabalhadores somente porque professam determinada crença;

— desrespeito ao direito à intimidade, à vida privada, à honra e à imagem (art. 5º, X, da Constituição), enfim, a exposição do empregado a situações constrangedoras decorrentes "[...] do excesso ou abuso no exercício do poder diretivo do empregador [...]"[289], tais como a realização de revistas íntimas ou vexatórias pelo empregador nos empregados, a vigilância por câmeras instaladas nos banheiros da empresa, a exigência de exames HIV, bem como as ofensas morais e a exploração da imagem do trabalhador;

— quebra do direito à inviolabilidade do sigilo de correspondência e comunicações pessoais do empregado (art. 5º, XII, da Constituição), como em cartas e *e-mails* pessoais;

— desrespeito ao direito de reunião dos trabalhadores (art. 5º, XVI, da Constituição);

— desrespeito ao direito à propriedade intelectual do trabalhador (art. 5º, XXIX, da Constituição);[290]

— desatenção ao direito de petição e de certidões (art. 5º, XXXIV, da Constituição) do empregado perante o empregador público;

— perseguição (punição e demissão, por exemplo) ou recusa de emprego a trabalhadores que tenham movido ação trabalhista para defesa de seus direitos contra o empregador, conduta que ofende, por via oblíqua, a inafastabilidade do controle judicial (art. 5º, XXXV, da Constituição);

— não repressão à discriminação e ao racismo (art. 5º, XLI e XLII, da Constituição), tolerando-se ou estimulando-se tais práticas no local de trabalho, por prepostos do empregador, de outros trabalhadores ou mesmo de clientes, contra o empregado;

— constrangimento da liberdade de ir e vir e fixar o lugar de residência (art. 5º, XV, da Constituição), por exemplo, exigir que o empregado resida nas proximidades do local de trabalho para livrar-se dos encargos com o transporte do trabalhador (fornecimento de vale-transporte);

---

(289) COUTINHO, Aldacy Rachid. Proteção constitucional da vida privada. In: NUNES, Antônio José Avelãs; COUTINHO, Jacinto Nelson de Miranda (Org.). *Diálogos constitucionais*: Brasil/Portugal. Rio de Janeiro: Renovar, 2004. p. 173-180, p. 178.
(290) Veja a Lei n. 9.279/96, arts. 88 a 93, sobre as invenções realizadas por empregados.

— desrespeito à liberdade para formar a família (art. 226, da Constituição), tal como a preferência por empregados sem cônjuge ou sem filhos e a exigência de atestados de esterilização das trabalhadoras;

— desrespeito à liberdade de contratação (art. 5º, II, da Constituição) com a imposição de cláusulas ilegais no contrato de trabalho, por exemplo, vedando pedido de demissão e a subsequente admissão em outra empresa na mesma cidade.

c) Quando o ato ameace ou agrida direito líquido e certo do empregado, embora sem o traço de direito fundamental, mas com liquidez e certeza demonstradas no âmbito da relação de trabalho, tais como:

— o relativo a anistia (Lei n. 8.878, de 11 de maio de 1994), a exemplo da recusa à readmissão do trabalhador anistiado;

— o que determine o afastamento do emprego tido, indevidamente, como inacumulável com outro emprego, cargo ou função pública (art. 37, XVI e XVII, da Constituição);

— o que determine a retenção salarial a pretexto de cumprimento do teto máximo de remuneração no serviço público (art. 37, XI, da Constituição);[291]

— o que se refira a promoção ou enquadramento do empregado nos quadros funcionais;

— e o ato que decida incidentes, pretensões e impugnações pertinentes à realização de concurso público para ingresso nos empregos públicos como exigido pelo art. 37, II, da Constituição.[292]

d) Cabe o mandado de segurança, individual ou coletivo, também, para cobrar os efeitos financeiros de direitos com repercussão patrimonial em favor dos empregados. Observe-se que a nova Lei do Mandado de Segurança, Lei n. 12.016/09, consolidando a legislação vigente até então, afastou, de modo claro, antigos obstáculos de natureza doutrinária e jurisprudencial[293] e admite expressamente

---

(291) Sobre essa matéria, o Tribunal Superior do Trabalho entende que, quanto ao pessoal, "[...] as empresas públicas e as sociedades de economia mista estão submetidas à observância do teto remuneratório previsto no inciso XI do art. 37 da CF/1988, sendo aplicável, inclusive, ao período anterior à alteração introduzida pela Emenda Constitucional n. 19/1998". BRASIL. Tribunal Superior do Trabalho. *Orientação Jurisprudencial*, n. 339, da Seção de Dissídios Individuais 1. Disponível em: <http://www.tst.jus.br/Cmjpn/livro_html_atual.html#SBDI-1>. Acesso em: 23 out. 2009.

(292) Os atos de autoridade praticados no concurso para o preenchimento de empregos públicos situam-se na denominada "etapa pré-contratual", em que ainda não se pode falar em direitos específicos trabalhistas nem em direitos inespecíficos alçados à relação de trabalho — como adverte RODRÍGUEZ MANCINI, Jorge. *Derechos fundamentales y relaciones laborales*. Buenos Aires: Astrea, 2004. p. 203 — de sorte que a solução para o conflito deve ser buscada na legislação não trabalhista que rege os atos da administração pública nos concursos públicos.

(293) A exemplo da restrição contida na Súmula n. 269 do Supremo Tribunal Federal, segundo a qual o mandando de segurança não é substitutivo da ação de cobrança. Mas continua vigente a limitação

tal finalidade para essa ação, proibindo, tão somente, a concessão de liminar e de tutela antecipada, bem como a execução provisória quando a impetração se referir a reclassificação ou equiparação de servidores públicos, e à elevação ou à extensão de vantagens ou pagamentos de qualquer natureza (art. 7º, §§ 2º e 5º, e art. 14, § 3º, dessa Lei).

4.3. As penalidades administrativas aplicadas pelos órgãos de fiscalização do trabalho

A Emenda Constitucional n. 45/04 trouxe também para a competência material da Justiça do Trabalho "as ações relativas às penalidades administrativas impostas aos empregadores pelos órgãos de fiscalização das relações de trabalho" (novo art. 114, VII, da Constituição).

Antes da referida Emenda Constitucional tais ações estavam confiadas à competência da Justiça Federal comum, por força do art. 109, I e VIII, da Constituição.

A atual regra tem a grande vantagem de unificar a jurisdição em torno de questões jurídicas imbricadas, permitindo que sejam dirimidas pelo mesmo ramo do Judiciário — o Trabalhista — bem assim a aplicação dos institutos processuais da conexão e continência, evitando a entrega de soluções judiciais contraditórias. É que, no regime anterior à citada Emenda Constitucional, não raramente se constatavam situações como as ilustradas no exemplo seguinte.

A fiscalização do Ministério do Trabalho e Emprego autuava e multava determinada empresa porque mantinha em serviço trabalhadores sem registro (anotação na carteira de trabalho). Enquanto a empresa autuada providenciava, junto ao juiz federal, em ação contra a União, a anulação dessa autuação, valendo--se de argumentos que afastariam o vínculo de emprego, os empregados buscavam, na Justiça do Trabalho, em ação contra a empresa, o reconhecimento desse vínculo e suas repercussões financeiras. O juiz federal, após examinar, incidentalmente, matéria trabalhista (fora, portanto, do seu dia a dia), dava procedência à pretensão da empresa e decretava a invalidade da autuação, reconhecendo, consequentemente, a inexistência de laço empregatício com aquelas pessoas flagradas em serviço. Os trabalhadores, por outro lado, obtinham êxito na Justiça do Trabalho, que, ao contrário do juiz federal, detectou a presença da relação de trabalho. Mediante tal paradoxo, qual sentença deveria ser cumprida?

---

temporal prevista na Lei n. 5.021/66, art. 1º, reiterada no art. 14, § 4º, da Lei n. 12.016/09, de sorte que somente serão pagas por força da condenação em mandado de segurança as parcelas vencidas a partir da data do ajuizamento da ação, sobejando as verbas pretéritas a essa data para cobrança em ação de rito comum. Essa restrição tem a ver com a disponibilidade imediata dos recursos financeiros para satisfazer a sentença mandamental, e, logicamente, não alcança as entidades cujos bens não são insuscetíveis de apreensão judicial e penhora, tais as sociedades de economia mista e as empresas públicas (exceto os Correios, que estão equiparados à Fazenda Pública).

A vinda das ações referentes às autuações da fiscalização trabalhista para a competência da Justiça do Trabalho permite que não se repitam situações da espécie.

Estas ações protegem de imediato os direitos do empregador autuado e não do trabalhador. Mas, indiretamente, as sentenças respectivas produzem efeitos junto aos trabalhadores envolvidos, principalmente nos casos de autuações capazes de repercutir nas relações de emprego, como as referentes a vínculo de emprego, ultrapassagem da jornada máxima de trabalho, fornecimento de equipamentos de proteção contra acidentes de trabalho, labor em horário noturno, em condições insalubres ou periculosas, entre outros.

As ações disponíveis às empresas são as anulatórias de autuação ou de imposição de penalidade, cautelares, embargos à execução das penalidades (multas), e, também, uma vez preenchidos seus requisitos, o mandado de segurança impetrado contra ato da autoridade administrativa trabalhista.

É possível cogitar, ainda, nessa área da fiscalização trabalhista, da impetração de mandado de segurança pelos trabalhadores (ou suas entidades representativas), perante a Justiça do Trabalho, na defesa de direitos trabalhistas, por exemplo, contra ato omissivo da autoridade do Ministério do Trabalho e Emprego consistente da não realização de fiscalizações nas empresas a quem se impute o descumprimento de normas trabalhistas, tais como as de segurança e saúde no trabalho. Nesse caso o Estado é o devedor da prestação na sua função de fiscalização, e não na qualidade de empregador, mas, ainda assim, a competência para conhecer do mandado de segurança é da Justiça do Trabalho, conforme vigente art. 114, IV e VII, da Constituição, considerada a matéria trabalhista objeto da impetração.

4.4. Direitos também reconhecidos aos trabalhadores, exigíveis do Estado

Sobejaram do item 4.2, acima, direitos, liberdades e garantias fundamentais também reconhecidos aos trabalhadores, exigíveis do Estado não empregador, inclusive mediante mandado de segurança aforado na Justiça comum, uma vez que não dizem respeito a matéria trabalhista, não envolvem litígios entre trabalhador e empregador e o devedor da prestação não é o empregador.

Podem ser alinhados, nesse contexto, os seguintes atos estatais que também desafiam mandado de segurança quando ameacem ou agridam direitos líquidos e certos a:[294]

---

[294] Um desses direitos é a exclusão de prisão civil por dívida (art. 5º, LXVII, da Constituição), que é defensável, porém, por meio de *habeas corpus* na Justiça do Trabalho, conforme art. 114, IV, da Constituição, quando a coação derivar de matéria sujeita à jurisdição trabalhista.

— aposentadoria (art. 7º, XXIV, da Constituição) e demais prestações da seguridade social (arts. 193 e seguintes, da Constituição);

— assistência gratuita aos filhos dos trabalhadores menores de cinco anos (art. 7º, XXV, da Constituição);

— educação e formação para o trabalho (arts. 6º e 214, IV, da Constituição);

— profissionalização e integração, no trabalho, à criança e ao adolescente, inclusive com deficiência (art. 227 da Constituição);

— repressão à discriminação e ao racismo (art. 5º, XLI e XLII);

— liberdade de exercício de trabalho, ofício ou profissão (art. 5º, XIII, da Constituição).

E não se poderia deixar de mencionar que o trabalhador também pode reivindicar ou valer-se, quando estiver litigando perante a Justiça do Trabalho, dos direitos e garantias processuais reconhecidas aos cidadãos em geral, além do mandado de segurança (Constituição, arts. 5º, LXIX e LXX, e 114, IV), tais como: assistência jurídica gratuita aos necessitados (arts. 5º, LXXIV, e 134, da Constituição), razoável duração do processo (art. 5º, LXXVIII, da Constituição), inafastabilidade do controle judicial (art. 5º, XXXV), devido processo legal com ampla defesa (art. 5º, LIII, LIV, LV e LVI), impetração de *habeas corpus* (arts. 5º, LXVIII, e 114, IV), mandado de injunção (art. 5º, LXXI) e de *habeas data* (arts. 5º, LXXII, e 114, IV).

4.5. O direito social ao trabalho e o mandado de segurança

O art. 6º da Constituição contempla o trabalho entre os direitos sociais.

O direito ao trabalho, sob o ângulo coletivo, implica a demanda por políticas de pleno emprego, de modo que todos possam ter acesso aos meios básicos de obtenção do sustento próprio e de seus dependentes, e também para que, em contrapartida, cumpram o dever de fazer funcionar a sociedade, na qual um depende do trabalho do outro — direito e dever traduzidos no binômio subsistência e solidariedade[295].

Os direitos sociais são direitos coletivos, exercitados, via de regra, por meio do Estado, como se viu no capítulo 1, e é nesse contexto que deve ser examinada a possibilidade de ser reivindicado judicialmente o direito ao trabalho, em especial mediante o mandado de segurança contra o empregador do setor público. Um exemplo prático e pioneiro que pode servir de paradigma de proteção ao direito

---

(295) RODRÍGUEZ MANCINI, Jorge. *Derechos fundamentales y relaciones laborales*. Buenos Aires: Astrea, 2004. p. 161.

ao trabalho foi o caso resolvido pelo Tribunal Superior do Trabalho, em grau de recurso, a partir da despedida em massa (mais de quatro mil trabalhadores) levada a efeito pela Empresa Brasileira de Aeronáutica, EMBRAER S.A., por causa da crise econômica enfrentada pelo setor de atuação da referida empresa privatizada.

Entre os vários fundamentos expostos no acórdão, o referido Tribunal considerou o direito ao trabalho previsto no art. 6º da Constituição e condenou a demissão massificada sem prévia negociação com a entidade sindical representativa dos trabalhadores, apesar da inexistência de regulamentação, no Brasil, do instituto das demissões coletivas[296] — estas bastante diferentes "[...] da dispensa individual, em sua estrutura, dimensão, profundidade, efeitos, impactos e repercussões".[297]

Consideradas as peculiaridades do caso, o mesmo Tribunal optou por não invalidar a despedida coletiva *sub judice*, cuja consequência deveria ser a reintegração dos trabalhadores no emprego, mas fixou, para casos futuros, a premissa de que a negociação coletiva é necessária para esse tipo de dispensa de trabalhadores. Essa negociação coletiva é que buscará não só controlar os motivos alegados pela empresa para a despedida coletiva, como também estabelecer compensações para os trabalhadores atingidos. Protege-se, assim, o direito ao trabalho.

O acórdão focalizado destaca em sua ementa que o mundo contemporâneo registra cada vez mais problemas e reivindicações massivas, que demandam também solução em massa, e a sociedade vem a sofrer maiores danos quando essas pretensões não são atendidas, de sorte que deve o Direito abandonar a concepção individualista de resolução dos conflitos e abraçar a concepção coletiva — que não se harmoniza com a prática descontrolada das demissões em massa, de grande impacto social, econômico, familiar e junto à comunidade — uma vez que

> [...] Na vigência da Constituição de 1988, das convenções internacionais da OIT ratificadas pelo Brasil relativas a direitos humanos e, por consequência, direitos trabalhistas, e em face da leitura atualizada da legislação infraconstitucional do país, é inevitável concluir-se pela presença de um Estado Democrático de Direito no Brasil, de um regime de império da norma jurídica (e não do poder incontrastável privado), de uma sociedade civilizada, de uma cultura de bem-estar social e respeito à dignidade dos seres humanos, tudo repelindo, imperativamente, dispensas massivas de pessoas, abalando empresa, cidade e toda uma importante região [...].[298]

---

(296) As dispensas individuais seguem o sistema orientado pelo art. 7º, I, da Constituição, combinado com o art. 10, I, do Ato das Disposições Constitucionais Transitórias, e fartamente regulamentadas na legislação infraconstitucional.
(297) BRASIL. Tribunal Superior do Trabalho. Proc. n. RODC-309/2009-000-15-00.4. SDC. Relator Min. Mauricio Godinho Delgado, julgado em 10 ago. 2009. Publicado em 4 set. 2009. Disponível em: <http://aplicacao.tst.jus.br/consultaunificada2/inteiroTeor.do?action=printInteiroTeor&format=html&highlight=true&numeroFormatado=RODC%20-%20309/2009-000-15-00.4&base=acordao&rowid=AAA dFEAA9AAAAXWAAc&dataPublicacao=04/09/2009&query=>. Acesso em: 28 out. 2009.
(298) *Id.*

Por esses motivos, o Tribunal Superior do Trabalho estabeleceu como condição para a dispensa em massa de trabalhadores a realização de negociação coletiva com o sindicato laboral, sem a qual não terá validade. E, para chegar a tal conclusão, teve em conta disposições e princípios consagrados na Constituição, pertinentes à dignidade da pessoa humana, valorização do trabalho e do emprego, submissão da propriedade privada à função socioambiental e necessidade de intervenção sindical nas questões coletivas de trabalho[299].

Esse caso foi resolvido em processo de dissídio coletivo, consideradas suas particularidades e o ineditismo da questão no Judiciário trabalhista brasileiro, contando, inclusive, com a formulação de pedidos voltados para a criação de normas pela Justiça do Trabalho, dentro do seu poder normativo (art. 114, § 2º, da Constituição), que só podem ser analisados em dissídio coletivo.

No entanto, a partir da premissa estabelecida no referido acórdão, isto é, de que a negociação coletiva constitui requisito de validade para a dispensa em massa de trabalhadores, constata-se a viabilidade processual de que sejam objeto de mandado de segurança coletivo outras despedidas coletivas levadas a efeito depois da citada decisão, sem a referida cautela, por empregadores com natureza de empresa pública e sociedade de economia mista (ato de autoridade), visando à nulidade das dispensas.

Vislumbra-se, assim, a partir desse paradigma, a possibilidade de a defesa do direito social ao trabalho dar-se por mandado de segurança impetrado contra ato do poder público empregador.

---

(299) *Id.*

CONCLUSÃO

Considerados o problema formulado e respectivos desdobramentos alinhados na Introdução, em cotejo com a análise desenvolvida nos capítulos desta obra, é possível obter as seguintes conclusões:

1) a Constituição brasileira de 1988 traz extenso rol de direitos individuais e sociais fundamentais, assegurados mediante as garantias constitucionais, entre outras, o mandado de segurança, as quais viabilizam a reivindicação desses direitos perante os órgãos jurisdicionais, quando não adimplidos, para que não se tornem singelas proclamações ou promessas desprovidas de efeito concreto;

2) os direitos sociais, de titularidade difusa, previstos no art. 6º da Constituição, são direitos coletivos, exercidos não contra o Estado, mas sim por meio dele. Os demais, previstos nos arts. 7º a 11, representam um elenco mínimo de direitos, destinados especialmente aos trabalhadores urbanos e rurais, ou seja, aqueles submetidos a uma relação jurídica de emprego com um empregador público ou privado. Esse catálogo de direitos dos trabalhadores, somado às Convenções da Organização Internacional do Trabalho sobre direitos de sindicalização e de negociação coletiva, abolição do trabalho forçado, igualdade salarial para trabalho igual de homens e mulheres, não discriminação no emprego ou ocupação, idade mínima para trabalho e piores formas de trabalho infantil, ratificadas pelo Brasil e consideradas como direitos humanos dos trabalhadores, traduzem a síntese dos direitos individuais e coletivos dos trabalhadores brasileiros, com *status* de direitos fundamentais;

3) os direitos e liberdades fundamentais dos trabalhadores são exigíveis do Estado, enquanto poder público e quando figurar como empregador, conforme a natureza da prestação focalizada. Identificam-se no texto constitucional, notadamente nos arts. 7º a 11, os direitos fundamentais específicos trabalhistas, isto é, aqueles que incidem diretamente sobre os sujeitos da relação de trabalho, decorrentes do fenômeno da constitucionalização do Direito do Trabalho na Constituição de 1988. Verificam-se também os direitos não específicos das relações trabalhistas, assim denominados porque endereçados pela Constituição a todas as pessoas, mas que foram integrados a essas relações, podendo ser invocados pelos respectivos sujeitos. Outros direitos fundamentais que se aplicam às relações de trabalho são os inespecíficos não trabalhistas, isto é, os que correspondem a todas as pessoas, inclusive empregadores e trabalhadores, mas que não estão

listados pela Constituição entre os direitos trabalhistas específicos e, apesar de sua generalidade e amplitude, são invocáveis nas relações laborais a partir da aplicação geral das normas constitucionais;

4) não é correto afirmar, de um lado, que os direitos sociais demandam apenas prestações positivas estatais, na maioria das vezes exigindo vultosos gastos — decorrendo, daí, a grande dificuldade para sua efetivação — e, de outro, que os direitos individuais, civis e políticos se satisfazem com singelas obrigações negativas. Na verdade, o exercício de determinados direitos e liberdades individuais, civis e políticos, a exemplo da liberdade de ir e vir, do direito à inviolabilidade de domicílio e do direito a voto, requer muito mais que um não agir estatal, pois aqueles não se realizam sem a efetivação de direitos sociais como a segurança e a moradia, que constituem, no fundo, pressupostos para sua fruição, além de demandarem expressivos gastos (recordem-se as grandes despesas feitas com a segurança pública e as eleições, por exemplo), salientando-se que cabe ao Estado destinar recursos financeiros e promover políticas e outras medidas que forem necessárias à concretização desses direitos voltados para a satisfação de necessidades básicas do homem;

5) na verdade, a partir da estrutura desses direitos, constata-se que tanto os direitos e liberdades individuais como os direitos sociais coletivos trazem em si um complexo de obrigações negativas e positivas, de sorte que determinadas obrigações do Estado são comuns às duas categorias de direitos, a ponto de, em alguns casos, satisfazer-se tanto um direito individual, como um direito social, com a mesma conduta estatal, quer seja positiva quer negativa. Nesse contexto, considera-se um esquema de três níveis de obrigações do Estado perante os direitos fundamentais: obrigações de respeito, de proteção e de satisfação. Assim, no primeiro nível, o Estado não deve opor obstáculo ao gozo dos direitos. No segundo, o Estado deve impedir que terceiros interfiram na fruição desses direitos. E, quanto às obrigações de satisfação, desdobram-se em obrigações de garantia e obrigações de promoção, sendo que garantir significa assegurar acesso ao bem pelo titular do direito incapaz de fazê-lo sozinho, enquanto a promoção tem a ver com o dever estatal de criar condições para que esse titular tenha acesso ao bem. Nessas obrigações de satisfação destaca-se, notadamente quanto aos direitos fundamentais específicos dos trabalhadores, o dever do Estado de estabelecer regulamentação, para que possam ser plenamente exercidos, tais como a formulação de normas que disciplinem o registro de entidades sindicais e a fixação de consequências jurídicas (reintegração no emprego ou indenização) para o desrespeito à estabilidade do dirigente sindical;

6) para satisfazer o direito social ao trabalho o Estado deve adotar políticas de geração de empregos, pois somente com a implementação daquele direito social preconizado no art. 6º da Constituição é que os trabalhadores subordinados poderão gozar dos direitos fundamentais específicos alinhados nos arts. 7º a 11,

da mesma Carta. Em outras palavras, sem empregos, não há que se falar de direitos trabalhistas individuais e coletivos. Aqueles são pressupostos para a fruição destes;

7) além do Estado, os direitos fundamentais dos trabalhadores podem ser exigidos dos particulares, isto é, dos empregadores, quando a eles se dirigir a obrigação de adimplemento, como se verifica, a final, em quase todo o elenco constitucional desses direitos, no qual o particular empregador é quem suporta o ônus financeiro dos direitos reconhecidos e das obrigações de fazer ou não fazer, dentro da relação de emprego;

8) não apenas o poder público é capaz de violar os direitos fundamentais, mas também o poder privado, notadamente o fundado no poder econômico — situação que se potencializa nas relações de trabalho, considerado o quadro de inferioridade em que se encontra uma das partes, isto é, o trabalhador — havendo, portanto, necessidade da proteção de seus direitos, venha o perigo do Estado ou do particular;

9) a imposição dessas obrigações aos particulares decorre da eficácia direta e imediata que os direitos fundamentais exercem nas relações privadas no Brasil de modo a vincular os particulares sem necessidade de interveniência do legislador ordinário, ressalvados, obviamente, os casos em que própria Constituição remete a regulamentação do direito previsto ao legislador infraconstitucional;

10) com o advento do Estado do Bem-Estar Social, no final do século XIX, superou-se o modelo reinante no Estado Liberal em que as obrigações estatais esgotavam-se na abstenção de violação das liberdades individuais e na proteção absoluta à propriedade privada. Do Estado passou-se a exigir uma atuação rumo a compensar as desigualdades materiais com a implementação de políticas destinadas à concretização dos direitos sociais, dando-se prevalência não mais ao direito de propriedade, mas sim à satisfação das mínimas necessidades vitais do homem, com dignidade;

11) no contexto do Estado Social, floresceu o modelo de Constituição dirigente, que inspirou a Constituição brasileira de 1988, caracterizada pela definição dos fins e dos objetivos do Estado, especialmente as imposições pertinentes aos direitos sociais. Esse dirigismo, porém, enfraqueceu-se com a crise do constitucionalismo social, marcada pela globalização da economia, pelo florescimento do neoliberalismo e pelo não cumprimento das promessas de modernidade contidas no texto — seja pela falta de compromisso das forças políticas com os programas constitucionais ou pelas dificuldades financeiras;

12) a Constituição dirigente, nada obstante ultrapassada nos países de primeiro mundo, como apregoado por Canotilho para justificar as modificações introduzidas na Constituição portuguesa visando à satisfação das exigências da União Europeia, ainda vive e é necessária em países como o Brasil, em que os direitos sociais não se acham realizados, denunciando a distância entre o programa

constitucional e a realidade. Esse dirigismo não exclui a política das importantes decisões de interesse social, e deve ser interpretado como a possibilidade de fazer-se a política conforme os ditames constitucionais;

13) o mandado de segurança constitui instrumento para defesa judicial, no âmbito das relações de trabalho, dos direitos fundamentais líquidos e certos ameaçados ou agredidos pelo poder público enquanto tal e na qualidade de empregador. E a concretização dos direitos fundamentais dos trabalhadores, judicialmente, inclusive mediante o mandado de segurança, não agride o princípio democrático nem invade o palco da política em que, de regra, deve realizar-se a Constituição, pois pressupõe o ato omissivo ou comissivo, agressivo a direito líquido e certo, ou seja, o Judiciário é chamado a atuar para corrigir a violação de direito sobre o qual não pairam dúvidas, e não para substituir diretamente a ação política ou para governar;

14) a hermenêutica constitucional socorre a concretização dos direitos fundamentais dos trabalhadores, por meio do mandado de segurança na Justiça do Trabalho, a partir de uma interpretação democrática que, sob o paradigma do Estado do Bem-Estar Social, busque a efetiva fruição desses direitos por seus destinatários;

15) mas, perante a Justiça do Trabalho, a impetração do mandado de segurança depende de temas que se imbricam, alusivos ao seu cabimento, à natureza do regime jurídico de trabalho dos servidores públicos e à própria competência dessa Justiça;

16) até a promulgação da Emenda Constitucional n. 45/04, o mandado de segurança não era utilizado no foro trabalhista para garantia dos direitos fundamentais dos trabalhadores por força de restrições interpretativas ditadas pela doutrina e pela jurisprudência, exceto do Supremo Tribunal Federal. Mas a adoção, pela citada Emenda, do critério *ratione materiae* para fixar competência da Justiça do Trabalho, quanto ao mandado de segurança no âmbito trabalhista, aprimorou o sistema de defesa judicial dos direitos fundamentais dos trabalhadores, na medida em que permitiu expressamente a impetração perante os órgãos desse ramo do Judiciário, visando à reparação de lesão ou ameaça de lesão a direito líquido e certo quando o ato de autoridade envolver matéria submetida à sua jurisdição, ou seja, matéria trabalhista independente da qualidade da autoridade pública coatora;

17) a adoção desse critério material, além de permitir o manejo do mandado de segurança para a defesa dos próprios direitos dos trabalhadores — abrangidos os direitos fundamentais específicos trabalhistas, os direitos não específicos das relações trabalhistas e os inespecíficos não trabalhistas —, trouxe para a competência da Justiça do Trabalho outras ações que, nada obstante o viés trabalhista, tramitavam na Justiça comum, a exemplo dos litígios acerca da representação sindical e das

penalidades administrativas impostas pela fiscalização trabalhista às empresas, centralizando, portanto, a competência em matéria trabalhista;

18) mas a jurisprudência do Supremo Tribunal Federal praticamente esvaziou a utilidade do mandado de segurança (o qual se presta para atacar atos de autoridade pública, somente, não os atos de particulares) na Justiça do Trabalho, em dois momentos: primeiro, quando, ao interpretar o art. 114 da Constituição, com texto dado pela Emenda Constitucional n. 45/04, manteve o entendimento anterior à vigência da mesma Emenda no sentido de que estavam excluídas da competência trabalhista as causas envolvendo a Administração Pública e seus servidores regidos por estatuto próprio, sob o vínculo administrativo (ADI n. 3.395-DF). Depois, ao negar às pessoas jurídicas de direito público a possibilidade de adoção do regime de pessoal regido por contrato de trabalho (ADI n. 2.135-DF), de sorte que devem seguir o regime jurídico único necessariamente de natureza administrativa, o que afasta da Justiça do Trabalho todos os litígios do interesse desses servidores públicos;

19) consequentemente, somente os atos dos entes da Administração Pública, constitucionalmente autorizados à adoção do regime de pessoal regido por contrato de trabalho (não estatutário), ou seja, as empresas públicas e sociedades de economia mista, equiparados a atos de autoridade pública, são passíveis de reparação mediante mandado de segurança na Justiça do Trabalho;

20) nesse quadro, a opção do reformador do Poder Judiciário, no novo art. 114, IV, da Constituição da República, pelo critério *ratione materiae*, para definir a competência da Justiça do Trabalho para processar e julgar mandado de segurança, contribuiu para a concretização dos direitos fundamentais dos trabalhadores, pois permitiu a própria reivindicação do direito material, individual e coletivo, por intermédio dessa ação de rito simples e rápido e de pronta execução, limitada, porém, às relações trabalhistas;

21) a modificação do principal critério definidor da competência da Justiça do Trabalho, relativamente ao mandado de segurança, com a substituição do parâmetro *ratione muneris* da autoridade impetrada pelo critério da natureza da matéria contida no ato impugnado, foi de grande importância para o sistema judicial de proteção dos direitos decorrentes das relações de trabalho, considerando que, além de viabilizar a defesa do próprio direito material, como dito no item anterior, centralizou na Justiça do Trabalho outras questões envolvendo, ainda que indiretamente, matéria trabalhista;

22) e esse critério material resgatou a importância do mandado de segurança na Justiça do Trabalho — até a Emenda Constitucional n. 45/04 rebaixado à condição de sucedâneo recursal contra atos processuais dos juízes e tribunais trabalhistas — e possibilitou a sua impetração como garantia constitucional exercitável em prol dos direitos trabalhistas inscritos na própria Constituição como direitos fundamentais.

REFERÊNCIAS BIBLIOGRÁFICAS

ABRAMOVICH, Victor; COURTIS, Christian. *Los derechos sociales como derechos exigibles*. 2. ed. Madrid: Trotta, 2004.

BARACHO, José Alfredo de Oliveira. *Direito processual constitucional* — aspectos contemporâneos. Belo Horizonte: Fórum, 2006.

BARBI, Celso Agrícola. *Do mandado de segurança*. 6. ed. Rio de Janeiro: Forense, 1993.

BASTOS, Celso Ribeiro; MARTINS, Ives Gandra da Silva. *Comentários à Constituição do Brasil*. 2. ed. atual. São Paulo: Saraiva, 2001. 2. v.

BERCOVICI, Gilberto. A problemática da Constituição dirigente: algumas considerações sobre o caso brasileiro. *Revista de Informação Legislativa*, Brasília: Senado Federal, v. 36, n. 142, p. 35-51, abr./jun. 1999.

_____. *Constituição econômica e desenvolvimento* — uma leitura a partir da Constituição de 1988. São Paulo: Malheiros, 2005.

BIDART CAMPOS, Germán J. *La interpretación del sistema de derechos humanos*. Buenos Aires: Ediar, 1994.

BILBAO UBILLOS, Juan María. *La eficácia de los derechos fundamentales frente a particulares* — análisis de la jurisprudencia del Tribunal Constitucional. Madrid: Boletín Oficial del Estado — Centro de Estudios Políticos y Constitucionales, 1997.

BOBBIO, Norberto. *A era dos direitos*. Tradução de Carlos Nelson Coutinho. Rio de Janeiro: Campus, 1996.

BUENO, Cassio Scarpinella. *A nova lei do mandado de segurança*. São Paulo: Saraiva, 2009.

BUZAID, Alfredo. *Considerações sobre o mandado de segurança coletivo*. São Paulo: Saraiva, 1992.

_____. *Do mandado de segurança* — do mandado de segurança individual. São Paulo: Saraiva, 1989. v. I.

CANARIS, Claus-Wilhelm. *Direitos fundamentais e direito privado*. Tradução de Ingo Wolfgang Sarlet e Paulo Mota Pinto. Reimpressão da edição de julho de 2003. Coimbra: Almedina, 2006.

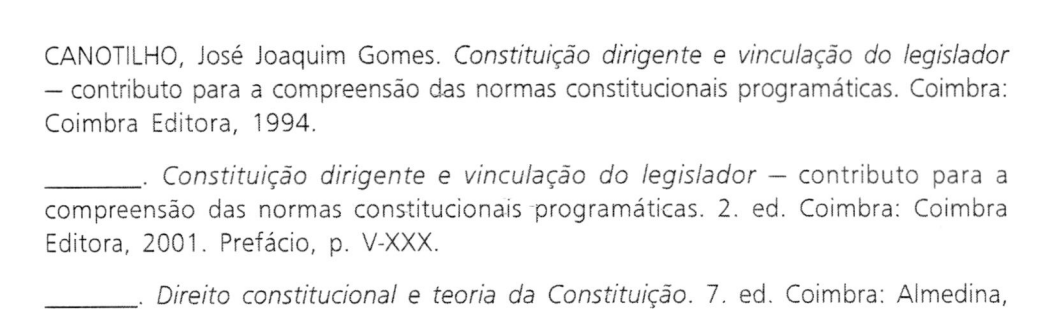

CANOTILHO, José Joaquim Gomes. *Constituição dirigente e vinculação do legislador* — contributo para a compreensão das normas constitucionais programáticas. Coimbra: Coimbra Editora, 1994.

_____. *Constituição dirigente e vinculação do legislador* — contributo para a compreensão das normas constitucionais programáticas. 2. ed. Coimbra: Coimbra Editora, 2001. Prefácio, p. V-XXX.

_____. *Direito constitucional e teoria da Constituição*. 7. ed. Coimbra: Almedina, 2003.

_____. Videoconferência. In: COUTINHO, Jacinto Nelson de Miranda (Org.). *Canotilho e a Constituição dirigente*. 2. ed. Rio de Janeiro: Renovar, 2005.

CHAVES, Luciano Athayde. Dos ritos procedimentais das novas ações na Justiça do Trabalho. In: COUTINHO, Grijalbo Fernandes; FAVA, Marcos Neves (Coord.). *Justiça do Trabalho:* competência ampliada. São Paulo: LTr, 2005. p. 316-330.

CORREIA, Marcus Orione Gonçalves. *Direito processual constitucional*. São Paulo: Saraiva, 1998.

COUTINHO, Aldacy Rachid. A autonomia privada: em busca da defesa dos direitos fundamentais dos trabalhadores. In: SARLET, Ingo Wolfgang (Org.). *Constituição, direitos fundamentais e direito privado*. 2. ed. rev. e ampl. Porto Alegre: Livraria do Advogado, 2006. p.167-185.

_____. Proteção constitucional da vida privada. In: NUNES, Antônio José Avelãs; COUTINHO, Jacinto Nelson de Miranda (Org.). *Diálogos constitucionais*: Brasil/Portugal. Rio de Janeiro: Renovar, 2004. p. 173-180.

COUTINHO, Jacinto Nelson de Miranda (Org.). *Canotilho e a Constituição dirigente*. 2. ed. Rio de Janeiro: Renovar, 2005.

DIMOULIS, Dimitri; MARTINS, Leonardo. *Teoria geral dos direitos fundamentais*. São Paulo: RT, 2007.

FACHIN, Luiz Edson. Constituição e relações privadas: questões de efetividade no tríplice vértice entre o texto e o contexto. In: OLIVEIRA NETO, Francisco José Rodrigues de; COUTINHO, Jacinto Nelson de Miranda; MEZZAROBA, Orides; BRANDÃO, Paulo de Tarso (Org.). *Constituição e Estado social*: os obstáculos à concretização da Constituição. São Paulo: co-edição Coimbra Editora e Revista dos Tribunais, 2008. p. 235-256.

GRAU, Eros Roberto. Resenha do Prefácio da 2. ed. e intervenções. In: COUTINHO, Jacinto Nelson de Miranda (Org.). *Canotilho e a Constituição dirigente*. 2. ed. Rio de Janeiro: Renovar, 2005.

KRELL, Andreas Joachim. *Direitos sociais e controle Judicial no Brasil e na Alemanha* — os (des) caminhos de um direito constitucional "comparado". Porto Alegre: Sergio Antonio Fabris Editor, 2002.

LIMA, Martônio Mont'Alverne Barreto. Idealismo e efetivação constitucional: a impossibilidade da realização da Constituição sem a política. In: COUTINHO, Jacinto Nelson de Miranda; LIMA, Martônio Mont'Alverne Barreto (Org.). *Diálogos constitucionais*: Direito, neoliberalismo e desenvolvimento em países periféricos. Rio de Janeiro: Renovar, 2006. p. 375-385.

MACIEL, Adhemar Ferreira. Observações sobre autoridade coatora no mandado de segurança. In: TEIXEIRA, Sálvio de Figueiredo (Coord.). *Mandados de segurança e de injunção*. São Paulo: Saraiva, 1990. p. 167-197.

MARRAFON, Marco Aurélio. Hermenêutica e sistema na construção do espaço constitucional. In: COUTINHO, Jacinto Nelson de Miranda; LIMA, Martônio Mont'Alverne Barreto (Org.). *Diálogos constitucionais*: Direito, neoliberalismo e desenvolvimento em países periféricos. Rio de Janeiro: Renovar, 2006. p. 347-373.

MARTÍNEZ DE PISÓN, José. *Tolerancia y derechos fundamentales en las sociedades multiculturales*. Madrid: Tecnos, 2001.

MEDAUAR, Odete. *Direito administrativo moderno*. 13. ed. rev. e atual. São Paulo: RT, 2009.

MEIRELES, Edilton. Mandado de segurança na relação de emprego. In: BUENO, Cassio Scarpinella; ALVIM, Eduardo Arruda; WAMBIER, Teresa Arruda Alvim (Coord.). *Aspectos polêmicos e atuais do mandado de segurança 51 anos depois*. São Paulo: RT, 2002. p. 238-245.

MEIRELLES, Hely Lopes. *Mandado de segurança, ação popular, ação civil pública, mandado de injunção, "habeas data"*. 13. ed. ampl. e atual. pela Constituição de 1988. São Paulo: RT, 1989.

NOVAIS, Jorge Reis. *Direitos fundamentais*: trunfos contra a maioria. Coimbra: Coimbra Editora, 2006.

NUNES, Antônio José Avelãs. Notas sobre o chamado modelo econômico-social europeu. In: NUNES, Antônio José Avelãs; COUTINHO, Jacinto Nelson de Miranda (Org.). *Diálogos constitucionais*: Brasil/Portugal. Rio de Janeiro: Renovar, 2004. p. 1-14.

PECES-BARBA MARTÍNEZ, Gregorio. *Lecciones de derechos fundamentales*. Con la colaboración de Rafael de Asís Roig y María del Carmen Barranco Avilés. Madri: Editorial Dykinson, 2004.

PÉREZ LUÑO, Antonio-Enrique. *Derechos humanos, Estado de derecho y Constitución*. 5. ed. Madri: Tecnos, 1995.

QUEIROZ, Cristina. *Direitos fundamentais sociais* — funções, âmbito, conteúdo, questões interpretativas e problemas de justiciabilidade. Coimbra: Coimbra Editora, 2006.

RODRÍGUEZ MANCINI, Jorge. *Derechos fundamentales y relaciones laborales*. Buenos Aires: Astrea, 2004.

SARLET, Ingo Wolfgang. *A eficácia dos direitos fundamentais*. 7. ed. rev., atual. e ampl. Porto Alegre: Livraria do Advogado, 2007.

SARMENTO, Daniel. *Direitos fundamentais e relações privadas*. 2. ed. Rio de Janeiro: Lumen Juris, 2006.

STRECK, Lenio Luiz. A concretização de direitos e a validade da tese da Constituição dirigente em países de modernidade tardia. In: NUNES, Antônio José Avelãs; COUTINHO, Jacinto Nelson de Miranda (Org.). *Diálogos constitucionais*: Brasil/Portugal. Rio de Janeiro: Renovar, 2004. p. 301-371.

_____. Constituição e hermenêutica em países periféricos. In: OLIVEIRA NETO, Francisco José Rodrigues de; COUTINHO, Jacinto Nelson de Miranda; MEZZAROBA, Orides; BRANDÃO, Paulo de Tarso (Org.). *Constituição e Estado social*: os obstáculos à concretização da Constituição. São Paulo: coedição Coimbra Editora e Revista dos Tribunais, 2008. p. 197-218.

SÜSSEKIND, Arnaldo. *Direito constitucional do trabalho*. Rio de Janeiro: Renovar, 1999.

_____. Efetividade dos direitos humanos do trabalhador. *Jornal Trabalhista Consulex*, Brasília: Consulex, ano XXV, n. 1211, p. 18, 03 mar. 2008.

TEIXEIRA FILHO, Manoel Antonio. *Mandado de segurança na justiça do trabalho individual e coletivo*. São Paulo: LTr, 1992.

ZAVASCKI, Teori Albino. *Processo coletivo* — tutela de direitos coletivos e tutela coletiva de direitos. 2. ed. rev. e atual. São Paulo: RT, 2007.

TEXTOS LEGAIS

BRASIL. *Consolidação das Leis do Trabalho*. Disponível em: <http://www.planalto.gov.br/ccivil_03/Decreto-Lei/Del5452.htm>. Acesso em: 1º set. 2009.

BRASIL. *Constituição da República Federativa do Brasil*. Disponível em: <http://www.planalto.gov.br/ccivil_03/Constituicao/Constituiçao_Compilado.htm>. Acesso em: 03 set. 2009.

BRASIL. Lei n. 7.708, de 21 de dezembro de 1988. Disponível em: <http://www.planalto.gov.br/ccivil_03/LEIS/L7701.htm#art4>. Acesso em: 1º set. 2009.

BRASIL. Lei n. 8.078, de 11 de setembro de 1990. Disponível em: <http://www.planalto.gov.br/ccivil_03/LEIS/L8078compilado.htm>. Acesso em: 05 out. 2009.

BRASIL. Lei n. 9.784, de 29 de janeiro de 1999. Disponível em: <http://www.planalto.gov.br/ccivil_03/Leis/L9784.htm>. Acesso em: 05 out. 2009.

BRASIL. Lei n. 12.016, de 7 de agosto de 2009. Disponível em: <http://www.planalto.gov.br/ccivil_03/_Ato2007-2010/2009/Lei/L12016.htm>. Acesso em: 1º out. 2009.

BRASIL. Lei Complementar n. 35, de 14 de março de 1979. Disponível em: <http://www.planalto.gov.br/ccivil_03/Leis/LCP/Lcp35.htm>. Acesso em: 1º set. 2009.

BRASIL. Senado Federal. *Propostas de Emenda Constitucional n. 74 e 84, de 2007*. Disponível em: <http://www.senado.gov.br/sf/atividade/materia/Consulta.asp?STR_TIPO=PEC&TXT_NUM=74&TXT_ANO=2007&Tipo_Cons=6&IND_COMPL=&FlagTot=1>. Acesso em: 06 out. 2009.

BRASIL. Tribunal Superior do Trabalho. *Regimento Interno*. Disponível em: <http://www.tst.jus.br/DGCJ/IndiceResolucoes/ResAdm/1295.html>. Acesso em: 1º set. 2009.

ORGANIZAÇÃO INTERNACIONAL DO TRABALHO. Disponível em: <http://www.ilo.org/ilolex/spanish/newratframeS.htm>. Acesso em: 10 set. 2009.

JURISPRUDÊNCIA

BRASIL. Superior Tribunal de Justiça. Proc. Mandado de Segurança n. 648-1990-0012531-6/DF, 1. Seção, rel. Min. José de Jesus Filho, julgado em 24 set. 1991. *Diário de Justiça da União*, Brasília, DF, 11 maio 1992, p. 6399. Disponível em: <http://www.stj.jus.br/SCON/jurisprudencia/doc.jsp?livre=sumula+195+TFR&&b=ACOR&p=true&t=&l=10&i=3>. Acesso em: 02 set. 2009.

BRASIL. Superior Tribunal de Justiça. Proc. Mandado de Segurança n. 10295.2005.0001694-2/DF, 1. Seção, rel. Min. Denise Arruda, julgado em 23 nov. 2005. *Diário de Justiça da União*, Brasília, DF, 12 dez. 2005, p. 251. Disponível em: <http://www.stj.jus.br/SCON/jurisprudencia/doc.jsp?livre=compet%EAncia+mandado+seguran%E7a+ato+ministro+estado+mat%E9ria+trabalhista&&b=ACOR&p=true&t=&l=10&i=6>. Acesso em: 04 set. 2009.

BRASIL. Supremo Tribunal Federal. Proc. Ação Direta de Inconstitucionalidade ADI/MC-DF n. 2.135, rel. Min. Ellen Gracie, julgado em 02 ago. 2007. *Diário de Justiça eletrônico*, Brasília, DF, 07 mar. 2008. Disponível em: <http://www.stf.jus.br/portal/jurisprudencia/listarJurisprudencia.asp?s1=%282135.NUME.%20OU%202135.ACMS.%29&base=baseAcordaos>. Acesso em: 07 set. 2009.

BRASIL. Supremo Tribunal Federal. Proc. Ação Direta de Inconstitucionalidade ADI/MC-DF n. 3.395-6, Pleno, rel. Min. Cezar Peluso. Disponível em: <http://www.stf.jus.br/portal jurisprudencia/listarJurisprudencia.asp?s1=(3395.NUME. OU 3395.ACMS.)&base=baseAcordaos>. Acesso em: 03 set. 2009.

BRASIL. Supremo Tribunal Federal. Proc. Mandado de Injunção n. 708/DF, rel. Min. Gilmar Mendes, julgado em 25 out. 2007. *Diário de Justiça da União*, Brasília, DF, 31 out. 2008. Disponível em: <http://www.stf.jus.br/portal/jurisprudencia/listarJurisprudencia.asp?s1=mandado e segurança e competência e ato e ministro e matéria e trabalhista&base=baseAcordaos>. Acesso em: 04 set. 2009.

BRASIL. Supremo Tribunal Federal. Proc. Mandado de Segurança n. 21.109-1-DF, Pleno, rel. Min. Sepúlveda Pertence, julgado em 08 maio 1991. *Diário de Justiça da*

União, Brasília, DF, 19 fev. 1993, p. 02033. Disponível em: <http://www.stf.jus.br/portal/jurisprudencia/listarJurisprudencia.asp>. Acesso em: 02 set. 2009.

BRASIL. Supremo Tribunal Federal. Proc. Mandado de Segurança MS-AgRg n. 21.200-4-DF, Pleno, rel. Min. Marco Aurélio, julgado em 24 set. 1992. *Diário de Justiça da União*, Brasília, DF, 10 set. 1993, p. 18375. Disponível em: <http://www.stf.jus.br/portal/jurisprudencia/listarJurisprudencia.asp?s1=(21200.NUME.OU 21200.ACMS.)("MARCO AURÉLIO".NORL. OU "MARCO AURÉLIO".NORV. OU "MARCO AURÉLIO".NORA. OU "MARCO AURÉLIO".ACMS.)&base=baseAcordaos>. Acesso em: 02 set. 2009.

BRASIL. Supremo Tribunal Federal. Proc. Mandado de Segurança n. 22.132-RJ, Pleno, relator Min. Carlos Velloso, julgado em 21 ago. 1996. *Diário de Justiça*, Brasília, DF,18 nov. 1996, p. 39848. Disponível em: <http://www.stf.jus.br/portal/jurisprudencia/listarJurisprudencia.asp>. Acesso em: 06 out. 2009.

BRASIL. Supremo Tribunal Federal. Proc. Mandado de Segurança n. 23.769-BA, Pleno, relatora Min. Ellen Gracie, julgado em 03 abr. 2002. *Diário de Justiça*, Brasília, DF, 30 abr. 2004, p. 33. Disponível em: <http://www.stf.jus.br/portal/jurisprudencia/listarJurisprudencia.asp>. Acesso em 06 out. 2009.

BRASIL. Supremo Tribunal Federal. Proc. Recurso Extraordinário n. 198.919-0-DF, 1. Turma, relator Min. Ilmar Galvão, julgado em 15 jun. 1999. *Diário de Justiça da União*, Brasília, DF, 24 set. 1999. Disponível em: <http://www.stf.jus.br/portal/jurisprudencia/listarJurisprudencia.asp?s1=%28RE$.SCLA.%20E%20198919.NUME.%29%20OU%20%28RE.ACMS.%20ADJ2%20198919.ACMS.%29&base=baseAcordaos>. Acesso em: 05 out. 2009.

BRASIL. Supremo Tribunal Federal. Proc. Recurso Extraordinário n. 220.906/DF, Pleno, relator Ministro Maurício Corrêa, julgado em 11 nov. 2000. *Diário de Justiça da União*, Brasília, DF, 14 nov. 2002, p. 15. Disponível em: <http://www.stf.jus.br/portal/jurisprudencia/listarJurisprudencia.asp?s1=correios+e+fazenda+e+p%FAblica&pagina=3&base=baseAcordaos>. Acesso em: 05 out. 2009.

BRASIL. Supremo Tribunal Federal. Proc. Recurso Extraordinário n. 349.703-RS, Pleno, relator Min. Carlos Britto, julgado em 03 dez. 2008. *Diário de Justiça eletrônico*, Brasília, DF, 05 jun. 2009, Disponível em: <http://www.stf.jus.br/portal/jurisprudencia/listarJurisprudencia.asp?s1=%28349703.NUME.%20OU%20349703.ACMS.%29&base=baseAcordaos>. Acesso em: 10 set. 2009.

BRASIL. Supremo Tribunal Federal. Súmulas 629 e 630. Disponível em: <http://www.stf.jus.br/portal/constituicao/artigoBd.asp#visualizar>. Acesso em: 05 out. 2009.

BRASIL. Tribunal Superior do Trabalho. Orientação Jurisprudencial n. 247, da Seção de Dissídios Individuais 1. Disponível em: <http://www.tst.jus.br/Cmjpn/livro_html_atual.html#SBDI-1>. Acesso em: 23 out. 2009.

BRASIL. Tribunal Superior do Trabalho. Orientação Jurisprudencial n. 339, da Seção de Dissídios Individuais-1. Disponível em: <http://www.tst.jus.br/Cmjpn/livro_html_atual.html#SBDI-1>. Acesso em: 23 out. 2009.

BRASIL. Tribunal Superior do Trabalho. Proc. n. AI-RR 376/2007-003-22-40, 2. Turma, relator Ministro Renato de Lacerda Paiva, julgado em 26 ago. 2009. *DEJT*, 18 set. 2009.Disponível em: <http://brs02.tst.jus.br/cgi-bin/nph-brs?s1=4893314.nia.&u=/Brs/it01.html&p=1&l=1&d=blnk
&f=g&r=1>. Acesso em: 28 set. 2009.

BRASIL. Tribunal Superior do Trabalho. Proc. AG-MS n. 11713/1990, SDC, rel. Min. Hylo Gugel, julgado em 25 jun. 1991. *Diário de Justiça da União*, Brasília, DF,16 ago. 1991, p. 10868. Disponível em: <http://brs02.tst.jus.br/cgi-bin/nph-brs?d=BLNK&s1=mandado+e+seguran%
E7a+e+cabimento+e+ato+e+empresa+e+p%FAblica&s2=ju01.base.&u=http://www.tst.gov.br/jurisprudencia/brs/nspit/n_nspitgen_un.html&p=1&r=16&f=G&l=0>. Acesso em: 07 set. 2009.

BRASIL. Tribunal Superior do Trabalho. Proc. n. RODC-309/2009-000-15-00.4, SDC, rel. Min. Mauricio Godinho Delgado, julgado em 10 ago. 2009. *Diário de Justiça*, Brasília, DF,04 set. 2009. Disponível em: <http://aplicacao.tst.jus.br/consultaunificada2/inteiroTeor.do?action=printInteiro
Teor&format=html&highlight=true&numeroFormatado=RODC%20-%20309/2009-000-15-00.4&base=acordao&rowid=AAAdFEAA9AAAAXWAAc]&dataPublicacao=04/09/2009&query=>. Acesso em: 28 out. 2009.

BRASIL. Tribunal Superior do Trabalho. Proc. RO-MS n. 328.699/1996, SBDI2, relator Ministro João Oreste Dalazen, julgado em 16 jun. 1998. *Diário de Justiça da União*, Brasília, DF, 14 ago. 1998. Disponível em: <http://brs02.tst.jus.br/cgi-bin/nph-brs?d=BLNK&s1=Ato+e+presidente+e+
sociedade+e+economia+e+mista+e+Incompet% EAncia+&s2=ju01.base.&u=http://www.tst.gov.br/jurisprudencia/brs/nspit/n_nspitgen_un.html&p=1&r=1&f=G&l=0>. Acesso em: 02 set. 2009.

BRASIL. Tribunal Superior do Trabalho. Proc. n. RO-MS 344247/1997, SBDI-2, rel. Min, Milton Moura França, julgado em 03 jun. 1998. *Diário de Justiça da União*, Brasília, DF, 28 ago. 1998, p. 325. Disponível em: <http://brs02.tst.jus.br/cgi-bin/nph-brs?d=BLNK&s1=mandado+e+seguran%E7
a+e+cabimento+e+ato+e+sociedade+e+economia+e+mista&s2=ju01.base.&u=http://www.tst.gov.br/jurisprudencia/brs/nspit/n_nspitgen_un.html&p=1&r=3&f=G&l=0>. Acesso em: 07 set. 2009.

APÊNDICE

CONVENÇÕES FUNDAMENTAIS DA ORGANIZAÇÃO INTERNACIONAL DO TRABALHO RATIFICADAS PELO BRASIL

CONVENÇÃO 29
SOBRE O TRABALHO FORÇADO OU OBRIGATÓRIO

Entrou em vigor em 1º de maio de 1932. Ratificada pelo Brasil em 25 de abril de 1957.

A Conferência Geral da Organização Internacional do Trabalho,

Convocada em Genebra pelo Conselho de Administração do Secretariado da Organização Internacional do Trabalho e reunida, em 10 de junho de 1930, em sua Décima Quarta Reunião;

Tendo decidido adotar diversas proposições relativas ao trabalho forçado ou obrigatório, o que constitui a primeira questão da ordem do dia da reunião;

Tendo decidido que essas proposições se revistam da forma de uma convenção internacional, adota, no dia vinte e oito de junho de mil novecentos e trinta, esta Convenção que pode ser citada como a Convenção sobre o Trabalho Forçado, de 1930, a ser ratificada pelos Países-membros da Organização Internacional do Trabalho, conforme as disposições da Constituição da Organização Internacional do Trabalho.

Artigo 1º

1. Todo País-membro da Organização Internacional do Trabalho que ratificar esta Convenção compromete-se a abolir a utilização do trabalho forçado ou obrigatório, em todas as suas formas, no mais breve espaço de tempo possível.

2. Com vista a essa abolição total, só se admite o recurso a trabalho forçado ou obrigatório, no período de transição, unicamente para fins públicos e como medida excepcional, nas condições e garantias providas nesta Convenção.

3. Decorridos cinco anos, contados da data de entrada em vigor desta Convenção e por ocasião do relatório ao Conselho de Administração do Secretariado da Organização Internacional do Trabalho, nos termos do Art. 31, o mencionado Conselho de Administração examinará a possibilidade de ser extinto, sem novo período de transição o trabalho forçado ou obrigatório em todas as suas formas e deliberará sobre a conveniência de incluir a questão na ordem do dia da Conferência.

Artigo 2º

1. Para fins desta Convenção, a expressão "trabalho forçado ou obrigatório" compreenderá todo trabalho ou serviço exigido de uma pessoa sob a ameaça de sanção e para o qual não se tenha oferecido espontaneamente.

2. A expressão "trabalho forçado ou obrigatório" não compreenderá, entretanto, para os fins desta Convenção:

a) qualquer trabalho ou serviço exigido em virtude de leis do serviço militar obrigatório com referência a trabalhos de natureza puramente militar;

b) qualquer trabalho ou serviço que faça parte das obrigações cívicas comuns de cidadãos de um país soberano;

c) qualquer trabalho ou serviço exigido de uma pessoa em decorrência de condenação judiciária, contanto que o mesmo trabalho ou serviço seja executado sob fiscalização e o controle de uma autoridade pública e que a pessoa não seja contratada por particulares, por empresas ou associações, ou posta à sua disposição;

d) qualquer trabalho ou serviço exigido em situações de emergência, ou seja, em caso de guerra ou de calamidade ou de ameaça de calamidade, como incêndio, inundação, fome, tremor de terra, doenças epidêmicas ou epizoóticas, invasões de animais, insetos ou de pragas vegetais, e em qualquer circunstância, em geral, que ponha em risco a vida ou o bem-estar de toda ou parte da população;

e) pequenos serviços comunitários que, por serem executados por membros da comunidade, no seu interesse direto, podem ser, por isso, considerados como obrigações cívicas comuns de seus membros, desde que esses membros ou seus representantes diretos tenham o direito de ser consultados com referência à necessidade desses serviços.

Artigo 3º

Para os fins desta Convenção, o termo "autoridade competente" designará uma autoridade do país metropolitano ou a mais alta autoridade central do território concernente.

Artigo 4º

1. A autoridade competente não imporá nem permitirá que se imponha trabalho forçado ou obrigatório em proveito de particulares, empresas ou associações.

2. Onde existir trabalho forçado ou obrigatório, em proveito de particulares, empresas ou associações, na data em que for registrada pelo Diretor Geral do Secretariado da Organização Internacional do Trabalho a ratificação desta Convenção por um País-membro, esse País-membro abolirá totalmente o trabalho forçado ou obrigatório a partir da data de entrada em vigor desta Convenção em seu território.

Artigo 5º

1. Nenhuma concessão feita a particulares, empresas ou associações implicará qualquer forma de trabalho forçado ou obrigatório para a produção ou coleta de produto que esses particulares, empresas ou associações utilizam ou negociam.

2. Onde existirem concessões que contenham disposições que envolvam essa espécie de trabalho forçado ou obrigatório, essas disposições serão rescindidas, tão logo quanto possível, para dar cumprimento ao Art. 1º desta Convenção.

Artigo 6º

Funcionários da administração, mesmo quando tenham o dever de estimular as populações sob sua responsabilidade a se engajarem em alguma forma de trabalho, não as pressionarão ou a qualquer um de seus membros a trabalhar para particulares, companhias ou associações.

Artigo 7º

1. Dirigentes que não exercem funções administrativas não poderão recorrer a trabalhos forçados ou obrigatórios.

2. Dirigentes que exercem funções administrativas podem, com a expressa autorização da autoridade competente, recorrer a trabalho forçado ou obrigatório nos termos do art. 10º desta Convenção.

3. Dirigentes legalmente reconhecidos e que não recebem adequada remuneração sob outras formas podem beneficiar-se de serviços pessoais devidamente regulamentados, desde que sejam tomadas todas as medidas necessárias para prevenir abusos.

Artigo 8º

1. Caberá à mais alta autoridade civil do território interessado a responsabilidade por qualquer decisão de recorrer a trabalho forçado ou obrigatório.

2. Essa autoridade poderá, entretanto, delegar competência às mais altas autoridades locais para exigir trabalho forçado ou obrigatório que não implique o afastamento dos trabalhadores do local de sua residência habitual. Essa autoridade poderá também delegar competência às mais altas autoridades locais, por períodos e nas condições estabelecidas no art. 23 desta Convenção, para exigir trabalho forçado ou obrigatório que implique o afastamento do trabalhador do local de sua residência habitual, a fim de facilitar a movimentação de funcionários da administração, em serviço, e transportar provisões do Governo.

Artigo 9º

Ressalvado o disposto no art. 10º desta Convenção, toda autoridade competente para exigir trabalho forçado ou obrigatório, antes de se decidir pelo recurso a essa medida, assegurar-se-á de que:

a) o trabalho a ser feito ou o serviço a ser prestado é de interesse real e direto da comunidade convocada para executá-lo ou prestá-lo;

b) o trabalho ou serviço é de necessidade real ou premente;

c) foi impossível conseguir mão-de-obra voluntária para a execução do trabalho ou para a prestação do serviço com o oferecimento de níveis salariais e condições de trabalho não inferiores aos predominantes na área interessada para trabalho ou serviço semelhante;

d) o trabalho ou serviço não representará um fardo excessivo para a população atual, levando-se em consideração a mão-de-obra disponível e sua capacidade para se desincumbir da tarefa.

Artigo 10

1. Será progressivamente abolido o trabalho forçado ou obrigatório exigido a título de imposto, a que recorre a autoridade administrativa para execução de obras públicas.

2. Entrementes, onde o trabalho forçado ou obrigatório for reclamado a título de imposto ou exigido por autoridades administrativas para a execução de obras públicas, a autoridade interessada assegurar-se-á primeiramente que:

a) o trabalho a ser feito ou o serviço a ser prestado é de interesse real e direto da comunidade convocada para executá-lo ou prestá-lo;

b) o trabalho ou serviço é de necessidade real ou premente;

c) o trabalho ou serviço não representará um fardo excessivo para a população atual, levando-se em consideração a mão-de-obra disponível e sua capacidade para se desincumbir da tarefa;

d) o trabalho ou serviço não implicará o afastamento do trabalhador do local de sua residência habitual;

e) a execução do trabalho ou a prestação do serviço será conduzida de acordo com as exigências da religião, vida social e da agricultura.

Artigo 11

1. Só adultos do sexo masculino fisicamente aptos, cuja idade presumível não seja inferior a dezoito anos nem superior a quarenta e cinco, podem ser convocados para trabalho forçado ou obrigatório. Ressalvadas as categorias de trabalho enumeradas no Art. 10º desta Convenção, serão observadas as seguintes limitações e condições:

a) prévio atestado, sempre que possível por médico da administração pública, de que as pessoas envolvidas não sofrem de qualquer doença infecto-contagiosa e de que estão fisicamente aptas para o trabalho exigido e para as condições em que será executado;

b) dispensa de professores e alunos de escola primária e de funcionários da administração pública, em todos os seus níveis;

c) manutenção, em cada comunidade, do número de homens adultos fisicamente aptos indispensáveis à vida familiar e social;

d) respeito aos vínculos conjugais e familiares.

2. Para os efeitos a alínea "c" do parágrafo anterior, as normas prescritas no Art. 23 desta Convenção fixarão a proporção de indivíduos fisicamente aptos da população masculina adulta que pode ser convocada, em qualquer tempo, para trabalho forçado ou obrigatório, desde que essa proporção, em nenhuma hipótese, ultrapasse vinte e cinco por cento. Ao fixar essa proporção, a autoridade competente levará em conta a densidade da população, seu desenvolvimento social e físico, a época do ano e o trabalho a ser executado na localidade pelas pessoas concernentes, no seu próprio interesse, e, de um modo geral, levará em consideração as necessidades econômicas e sociais da vida da coletividade envolvida.

Artigo 12

1. O período máximo, durante o qual uma pessoa pode ser submetida a trabalho forçado ou obrigatório de qualquer espécie, não ultrapassará 60 dias por período de doze meses, incluídos nesses dias o tempo gasto, de ida e volta, em seus deslocamentos para a execução do trabalho.

2. Toda pessoa submetida a trabalho forçado ou obrigatório receberá certidão que indique os períodos do trabalho que tiver executado.

Artigo 13

1. O horário normal de trabalho de toda pessoa submetida a trabalho forçado ou obrigatório será o mesmo adotado para trabalho voluntário, e as horas trabalhadas além do período normal serão remuneradas na mesma base das horas de trabalho voluntário.

2. Será concedido um dia de repouso semanal a toda pessoa submetida a qualquer forma de trabalho forçado ou obrigatório, e esse dia coincidirá, tanto quanto possível, com o dias consagrados pela tradição ou costume nos territórios ou regiões concernentes.

Artigo 14

1. Com a exceção do trabalho forçado ou obrigatório a que se refere o Art. 10º desta Convenção, o trabalho forçado ou obrigatório, em todas as suas formas, será remunerado em espécie, em base não inferior à que prevalece para espécies similares de trabalho na região onde a mão-de-obra é empregada ou na região onde é recrutada, prevalecendo a que for maior.

2. No caso de trabalho imposto por dirigentes no exercício de suas funções administrativas, o pagamento de salários, nas condições estabelecidas no parágrafo anterior, será efetuado o mais breve possível.

3. Os salários serão pagos a cada trabalhador, individualmente, é não ao chefe de seu grupo ou a qualquer outra autoridade.

4. Os dias de viagem, de ida e volta, para a execução do trabalho, serão computados como dias trabalhados para efeito do pagamento de salários.

5. Nada neste Artigo impedirá o fornecimento de refeições regulares como parte do salário; essas refeições serão no mínimo equivalentes em valor ao que corresponderia ao seu pagamento em espécie, mas nenhuma dedução do salário será feita para pagamento de impostos ou de refeições extras, vestuários ou alojamento especiais proporcionados ao trabalhador para mantê-lo em condições adequadas a execução do trabalho nas condições especiais de algum emprego, ou pelo fornecimento de ferramentas.

Artigo 15

1. Toda legislação ou regulamento referente a indenização por acidente ou doença resultante do emprego do trabalhador e toda legislação ou regulamento que prevejam indenizações para os dependentes de trabalhadores falecidos ou inválidos, que estejam ou estarão em vigor no território interessado serão igualmente aplicáveis às pessoas submetidas a trabalho forçado ou obrigatório e a trabalhadores voluntários.

2. Incumbirá, em qualquer circunstância, a toda autoridade empregadora de trabalhador em trabalho forçado ou obrigatório, lhe assegurar a subsistência se, por acidente ou doenças resultante de seu emprego, tomar-se total ou parcialmente incapaz de prover suas necessidades, e tomar providências para assegurar a manutenção de todas as pessoas efetivamente dependentes desse trabalhador no caso de morte ou invalidez resultante do trabalho.

Artigo 16

1. As pessoas submetidas a trabalho forçado ou obrigatório não serão transferidas, salvo em caso de real necessidade, para regiões onde a alimentação e o clima forem tão diferentes daqueles a que estão acostumadas a que possam por em risco sua saúde.

2. Em nenhum caso será permitida a transferência desses trabalhadores antes de se poder aplicar rigorosamente todas as medidas de higiene e de habitação necessárias para adaptá-los às novas condições e proteger sua saúde.

3. Quando for inevitável a transferência, serão adotadas medidas que assegurem a adaptação progressiva dos trabalhadores às novas condições de alimentação e de clima, sob competente orientação médica.

4. No caso de serem os trabalhadores obrigados a executar trabalho regular com o qual não estão acostumados, medidas serão tomadas para assegurar sua adaptação a essa espécie de trabalho, em particular no tocante a treinamento progressivo, às horas de trabalho, aos intervalos de repouso e à melhoria ou ao aumento da dieta que possa ser necessário.

Artigo 17

Antes de autorizar o recurso a trabalho forçado ou obrigatório em obras de construção ou de manutenção que impliquem a permanência do trabalhador nos locais de trabalho por longos períodos, a autoridade competente assegurar-se-á de que:

a) sejam tomadas todas as medidas necessárias para proteger a saúde dos trabalhadores e lhes garantir assistência médica indispensável e, especialmente:

I — sejam os trabalhadores submetidos a exame médico antes de começar o trabalho e a intervalos determinados durante o período de serviço;

II — haja serviço médico adequado, ambulatórios, enfermeiras, hospitais e material necessário para fazer face a todas as necessidades, e

III — sejam satisfatórias as condições de higiene dos locais de trabalho, o suprimento de água potável, de alimentos, combustível e dos utensílios de cozinha e, se necessário, de alojamento e roupas;

b) sejam tomadas medidas adequadas para assegurar a subsistência das famílias dos trabalhadores, em especial facilitando a remessa, com segurança, de parte do salário para a família, a pedido ou com o consentimento dos trabalhadores;

c) corram por conta e responsabilidade da administração os trajetos de ida e volta dos trabalhadores, para execução do trabalho, facilitando a realização desses trajetos com a plena utilização de todos os meios de transportes disponíveis;

d) corra por conta da administração o repatriamento do trabalhador no caso de enfermidade ou acidente que acarrete sua incapacidade temporária para o trabalho;

e) seja permitido a todo o trabalhador, que assim o desejar, permanecer como trabalhador voluntário no final do período de trabalho forçado ou obrigatório, sem perda do direito ao repatriamento gratuito num período de dois anos.

Artigo 18

1. O trabalho forçado ou obrigatório no transporte de pessoas ou mercadorias, tal como o de carregadores e barqueiros, deverá ser suprimido o quanto antes possível e, até que seja suprimido, as autoridades competentes deverão expedir regulamentos que determinem, entre outras medidas, as seguintes:

a) que somente seja utilizado para facilitar a movimentação de funcionários da administração em serviço ou para o transporte de provisões do Governo ou, em caso de urgente necessidade, o transporte de outras pessoas além de funcionários;

b) que os trabalhadores assim empregados tenham atestado médico de aptidão física, onde houver serviço médico disponível, e onde não houver, o empregador seja considerado responsável pelo atestado de aptidão física do trabalhador e de que não sofre de qualquer doença infectocontagiosa;

c) a carga máxima que pode ser transportada por esses trabalhadores;

d) o percurso máximo a ser feito por esses trabalhadores a partir do local de sua residência;

e) o número máximo de dias por mês ou por qualquer outro período durante os quais esses trabalhadores podem ser utilizados, incluídos os dias de viagem de regresso;

f) as pessoas autorizadas a recorrer a essa forma de trabalho forçado ou obrigatório, e os limites da faculdade de exigi-lo.

2. Ao fixar os limites máximos mencionados nas alíneas "c", "d" e "e" do parágrafo anterior, a autoridade competente terá em conta todos os fatores pertinentes, notadamente o desenvolvimento físico da população na qual são recrutados os trabalhadores, a natureza da região através da qual viajarão e as condições climáticas.

3. A autoridade competente providenciará ainda para que o trajeto diário normal desses trabalhadores não exceda distância correspondente à duração média de um dia de trabalho de oito horas, ficando entendido que serão levadas em consideração não só a carga a ser transportada e a distância a ser percorrida, mas também as condições da estrada, a época do ano os outros fatores pertinentes, e, se exigidas horas extras além de um trajeto diário normal, essas horas serão remuneradas em base superior à das horas normais.

Artigo 19

1. A autoridade competente só autorizará o cultivo obrigatório como precaução contra a fome ou a escassez de alimentos e sempre sob a condição de que o alimento ou a produção permanecerá propriedade dos indivíduos ou da comunidade que os produziu.

2. Nada neste artigo será interpretado como derrogatório da obrigação de membros de uma comunidade, onde a produção é organizada em base comunitária, por força da lei ou costume, e onde a produção ou qualquer resultado de sua venda permanece da comunidade, de executar o trabalho exigido pela comunidade por força de lei ou costume.

Artigo 20

Leis de sanções coletivas, segundo as quais uma comunidade pode ser punida por crimes cometidos por qualquer de seus membros, não conterão disposições de trabalho forçado ou obrigatório pela comunidade como um dos meios de punição.

Artigo 21

O trabalho forçado ou obrigatório não será utilizado para trabalho subterrâneo em minas.

Artigo 22

Os relatórios anuais que os Países-membros que ratificam esta Convenção se comprometem a apresentar ao Secretariado da Organização Internacional do Trabalho, sobre as medidas por eles tomadas para aplicar as disposições desta Convenção, conterão as informações mais detalhadas possíveis com referência a cada território envolvido, sobre a incidência de recurso a trabalho forçado ou obrigatório nesse território; os fins para os quais foi empregado; os índices de doenças e de mortalidade; horas de trabalho; sistemas de pagamento dos salários e suas bases, e quaisquer outras informações pertinentes.

Artigo 23

1. Para fazer vigorar as disposições desta Convenção, a autoridade competente baixará regulamentação abrangente e precisa para disciplinar o emprego do trabalho forçado ou obrigatório.

2. Esta regulamentação conterá, *inter alia,* normas que permitam a toda pessoa submetida a trabalho forçado ou obrigatório apresentar às autoridades reclamações relativas às suas condições de trabalho e lhe deem a garantia de que serão examinadas e levadas em consideração.

Artigo 24

Medidas apropriadas serão tomadas, em todos os casos, para assegurar a rigorosa aplicação dos regulamentos concernentes ao emprego de trabalho forçado ou obrigatório, seja pela extensão ao trabalho forçado ou obrigatório das atribuições de algum organismo de inspeção já existente para a fiscalização do trabalho voluntário, seja por qualquer outro sistema adequado. Outras medidas serão igualmente tomadas no sentido de que esses regulamentos sejam do conhecimento das pessoas submetidas a trabalho forçado ou obrigatório.

Artigo 25

A imposição ilegal de trabalho forçado ou obrigatório será passível de sanções penais e todo País--membro que ratificar esta Convenção terá a obrigação de assegurar que as sanções impostas por lei sejam realmente adequadas e rigorosamente cumpridas.

Artigo 26

Todo País-membro da Organização Internacional do Trabalho que ratificar esta Convenção compromete--se a aplicá-la nos territórios submetidos à sua soberania, jurisdição, proteção, suserania, tutela ou autoridade, na medida em que tem o direito de aceitar obrigações referentes a questões de jurisdição interna. Se, todavia, o País-membro quiser valer-se das disposições do Art. 35 da Constituição da Organização Internacional do Trabalho, acrescerá à sua ratificação declaração que indique:

a) os territórios nos quais pretende aplicar, sem modificações, as disposições desta Convenção;

b) os territórios nos quais pretende aplicar, com modificações, as disposições desta Convenção, juntamente com o detalhamento das ditas modificações;

c) os territórios a respeito dos quais pospõe sua decisão.

2. A dita declaração será considerada parte integrante da ratificação e terá os mesmos efeitos. É facultado a todo País-membro cancelar, no todo ou em parte, por declaração subsequente, quaisquer ressalvas feitas em sua declaração anterior, nos termos das disposições das alíneas "a" e "c" deste Artigo.

Artigo 27

As ratificações formais desta Convenção serão comunicadas, para registro, ao Diretor Geral do Secretariado da Organização Internacional do Trabalho.

Artigo 28

1. Esta Convenção obrigará unicamente os Países-membros da Organização Internacional do Trabalho cujas ratificações tiverem sido registradas no Secretariado da Organização Internacional do Trabalho.

2. Esta Convenção entrará em vigor doze meses após a data do registro pelo Diretor Geral das ratificações dos Países-membros.

3. A partir de então, esta Convenção entrará em vigor, para todo País-membro, doze meses após a data do registro de sua ratificação.

Artigo 29

1. O Diretor Geral do Secretariado da Organização Internacional do Trabalho notificará todos os Países-membros da Organização, tão logo tenham sido registradas as ratificações de dois Países-membros junto ao Secretariado da Organização Internacional do Trabalho. Do mesmo modo lhes dará ciência do registro de ratificações que possam ser comunicadas subsequentemente por outros Países-membros da Organização.

2. Ao notificar os Países-membros da Organização do registro da segunda ratificação que lhe tiver sido comunicada, o Diretor Geral lhes chamará a atenção para a data na qual esta Convenção entrará em vigor.

Artigo 30

1. O País-membro que ratificar esta Convenção poderá denunciá-la ao final de um período de dez anos, a contar da data de sua entrada em vigor, mediante comunicação ao Diretor Geral do Secretariado da Organização Internacional do Trabalho, para registro. A denúncia não terá efeito antes de se completar um ano a contar da data de seu registro.

2. Todo País-membro que ratificar esta Convenção e que, no prazo de um ano após expirado o período de dez anos referido no parágrafo anterior, não tiver exercido o direito de denúncia provido neste Artigo, ficará obrigado a um novo período de dez anos e, daí em diante, poderá denunciar esta Convenção ao final de cada período de dez anos, nos termos deste Artigo.

Artigo 31

O Conselho de Administração do Secretariado da Organização Internacional do Trabalho apresentará à Conferência Geral, quando considerar necessário, relatório sobre o desempenho desta Convenção e examinará a conveniência de incluir na ordem do dia da Conferência a questão de sua revisão total ou parcial.

Artigo 32

No caso de adotar a Conferência uma nova convenção que reveja total ou parcialmente esta Convenção, a ratificação por um País-membro da nova convenção revista implicará, *ipso jure*, a denúncia desta Convenção sem qualquer exigência de prazo, a partir do momento em que entrar em vigor a nova Convenção revista, não obstante o disposto no Art. 30.

2. A partir da data da entrada em vigor da convenção revista, esta Convenção deixará de estar sujeita a ratificação pelos Países-membros.

3. Esta Convenção continuará, entretanto, em vigor, na sua forma e conteúdo atuais, para os Países-membros que a ratificaram, mas não ratificarem a Convenção revista.

Artigo 33

As versões em inglês e francês do texto desta Convenção são igualmente oficiais.

CONVENÇÃO 98

SOBRE A APLICAÇÃO DOS PRINCÍPIOS DO DIREITO DE SINDICALIZAÇÃO E DE NEGOCIAÇÃO COLETIVA

Entrou em vigor em 18 de julho de 1951. Ratificada pelo Brasil em 18 de novembro de 1952.

A Conferência Geral da Organização Internacional do Trabalho:

Convocada em Genebra pelo Conselho de Administração do Secretariado da Organização Internacional do Trabalho e reunida em 8 de junho de 1949, em sua trigésima segunda reunião;

Tendo decidido adotar algumas propostas relativas à aplicação dos princípios do direito de organização e de negociação coletiva, tema que constitui a quarta questão da ordem do dia da reunião;

Após decidir que essas proposições se revistam da forma de uma convenção internacional, adota, no primeiro dia de julho de mil novecentos e quarenta e nove, a seguinte Convenção que pode ser citada como a Convenção sobre o Direito de Sindicalização e de Negociação Coletiva, de 1949:

Artigo 1º

1. Os trabalhadores gozarão de adequada proteção contra atos de discriminação com relação a seu emprego.

2. Essa proteção aplicar-se-á especialmente a atos que visem:

a) sujeitar o emprego de um trabalhador à condição de que não se filie a um sindicato ou deixe de ser membro de um sindicato;

b) causar a demissão de um trabalhador ou prejudicá-lo de outra maneira por sua filiação a um sindicato ou por sua participação em atividades sindicais fora das horas de trabalho ou, com o consentimento do empregador, durante o horário de trabalho.

Artigo 2º

1. As organizações de trabalhadores e de empregadores gozarão de adequada proteção contra atos de ingerência de umas nas outras, ou por agentes ou membros de umas nas outras, na sua constituição, funcionamento e administração.

2. Serão principalmente considerados atos de ingerência, nos termos deste Artigo, promover a constituição de organizações de trabalhadores dominadas por organizações de empregadores ou manter organizações de trabalhadores com recursos financeiros ou de outra espécie, com o objetivo de sujeitar essas organizações ao controle de empregadores ou de organizações de empregadores.

Artigo 3º

Mecanismos apropriados às condições nacionais serão criados, se necessário, para assegurar o respeito do direito de sindicalização definido nos artigos anteriores.

Artigo 4º

Medidas apropriadas às condições nacionais serão tomadas, se necessário, para estimular e promover o pleno desenvolvimento e utilização de mecanismos de negociação voluntária entre empregadores ou organizações de empregadores e organizações de trabalhadores, com o objetivo de regular, mediante acordos coletivos, termos e condições de emprego.

Artigo 5º

1. A legislação nacional definirá a medida em que se aplicarão às forças armadas e à polícia as garantias providas nesta Convenção.

2. Nos termos dos princípios estabelecidos no Parágrafo 8º do Art. 19 da Constituição da Organização Internacional do Trabalho, a ratificação desta Convenção por um País-membro não será tida como derrogatória de lei, sentença, costume ou acordo já existentes que outorguem às forças armadas e à polícia qualquer direito garantido por esta Convenção.

Artigo 6º

Esta Convenção não trata da situação de funcionários públicos a serviço do Estado e nem será de algum modo interpretada em detrimento de seus direitos ou situação funcional.

Artigo 7º

As ratificações formais desta Convenção serão comunicadas, para registro, ao Diretor Geral do Secretariado da Organização Internacional do Trabalho.

Artigo 8º

1. Esta Convenção obrigará unicamente os Países-membros da Organização Internacional do Trabalho cujas ratificações tiverem sido registradas pelo Diretor Geral.

2. Esta Convenção entrará em vigor doze meses após a data de registro, pelo Diretor Geral, das ratificações de dois Países-membros.

3. A partir de então, esta Convenção entrará em vigor, para todo País-membro, doze meses após a data do registro de sua ratificação.

Artigo 9º

1. As declarações enviadas ao Diretor Geral do Secretariado da Organização Internacional do Trabalho, nos termos do Parágrafo 2º do Art. 35 da Constituição da Organização Internacional do Trabalho, indicarão:

a) os territórios a respeito dos quais se comprometem a aplicar, sem modificações, as disposições da Convenção;

b) os territórios a respeito dos quais se comprometem a aplicar, com modificações, as disposições da Convenção, detalhando a natureza dessas modificações;

c) os territórios a respeito dos quais consideram inaplicável a Convenção e, nesse caso, as razões dessa inaplicabilidade;

d) os territórios a respeito dos quais pospõem sua decisão, na dependência de uma avaliação mais atenta da situação.

2. Os compromissos a que se referem as alíneas a) e b) do Parágrafo 1º deste Artigo serão considerados parte integrante da ratificação e produzirão os mesmos efeitos.

3. Todo País-membro, com base nas alíneas b), c) e d) do Parágrafo 1º deste Artigo, poderá cancelar, em qualquer tempo, no todo ou em parte, mediante nova declaração, quaisquer restrições feitas em sua declaração original.

4. Todo País-membro poderá enviar ao Diretor Geral, em qualquer tempo, enquanto esta Convenção estiver sujeita a denúncia, declaração que modifique, em qualquer outro sentido, os termos de uma declaração anterior e informe, com o detalhamento possível, sobre a situação atual com referência a esses territórios.

Artigo 10º

1. As declarações enviadas ao Diretor Geral do Secretariado da Organização Internacional do Trabalho, nos termos dos Parágrafos 4º e 5º do Art. 35 da Constituição da Organização Internacional do Trabalho, indicarão se as disposições da Convenção serão aplicadas, sem modificações no território em

questão, ou se estarão sujeitas a modificações; quando indicar que as disposições da Convenção serão aplicadas com possíveis modificações, a declaração especificará em que consistem essas modificações.

2. O País-membro ou os Países-membros ou a autoridade internacional concernentes poderão, em qualquer tempo, mediante declaração posterior, renunciar total ou parcialmente ao direito de se valer de modificação indicada em declaração anterior.

3. O País-membro ou os Países-membros ou a autoridade internacional concernentes poderão, em qualquer tempo, enquanto esta Convenção estiver sujeita a denúncia, nos termos do disposto no Art. 11, enviar ao Diretor Geral declaração que modifique, em qualquer outro sentido, os termos de uma declaração anterior e informe sobre a atual situação com referência à aplicação da Convenção.

Artigo 11

1. O País-membro que ratificar esta Convenção poderá denunciá-la ao final de um período de dez anos, a contar da data de sua entrada em vigor, mediante comunicação ao Diretor Geral do Secretariado da Organização Internacional do Trabalho para registro. A denúncia não terá efeito antes de se completar um ano a contar da data de seu registro.

2. O País-membro que ratificar esta Convenção e que, no prazo de um ano após expirado o período de dez anos referido no parágrafo anterior, não tiver exercido o direito de denúncia provido neste Artigo, ficará obrigado a um novo período de dez anos e, daí em diante, poderá denunciar esta Convenção ao final de cada período de dez anos, nos termos deste Artigo.

Artigo 12

1. O Diretor Geral do Secretariado da Organização Internacional do Trabalho dará ciência a todos os Países-membros da Organização Internacional do Trabalho do registro de todas as ratificações, declarações e denúncias que lhe forem comunicadas pelos Países-membros da Organização.

2. Ao notificar os Países-membros da Organização sobre o registro da segunda ratificação que lhe tiver sido comunicada, o Diretor Geral lhes chamará a atenção para a data de entrada em vigor da Convenção.

Artigo 13

O Diretor Geral do Secretariado da Organização Internacional do Trabalho comunicará ao Secretário Geral das Nações Unidas, para registro, de conformidade como Art. 102 da Carta das Nações Unidas, informações circunstanciadas sobre todas as ratificações, declarações e atos de denúncia por ele registrados, nos termos do disposto nos artigos anteriores.

Artigo 14

O Conselho de Administração do Secretariado da Organização Internacional do Trabalho apresentará à Conferência Geral, quando considerar necessário, relatório sobre o desempenho desta Convenção e examinará a conveniência de incluir na pauta da Conferência a questão de sua revisão total ou parcial.

Artigo 15

1. No caso de adotar a Conferência uma nova convenção que reveja total ou parcialmente esta Convenção, a menos que a nova convenção disponha de outro modo;

a) a ratificação, por um País-membro, da nova convenção revista implicará *ipso jure*, a partir do momento em que entrar em vigor a convenção revista, a denúncia imediata desta Convenção, não obstante as disposições do Art. 11 desta Convenção;

b) esta Convenção deixará de estar sujeita a ratificação pelos Países-membros a partir da data de entrada em vigor da convenção revista.

2. Esta Convenção continuará a vigorar, na sua forma e conteúdo, nos Países-membros que a ratificaram mas não ratificarem a convenção revista.

Artigo 16

As versões em inglês e francês do texto desta Convenção são igualmente oficiais.

CONVENÇÃO 100

SOBRE A IGUALDADE DE REMUNERAÇÃO DE HOMENS E MULHERES POR TRABALHO DE IGUAL VALOR

Entrou em vigor em 23 de maio de 1953. Ratificada pelo Brasil em 25 de abril de 1957.

A Conferência Geral da Organização Internacional do Trabalho, Convocada em Genebra pelo Conselho de Administração do Secretariado da Organização Internacional do Trabalho e reunida, em 6 de junho de 1951, em sua Trigésima Quarta Reunião;

Tendo decidido adotar proposições relativas ao princípio da igualdade de remuneração de homens e mulheres trabalhadores por trabalho de igual valor, o que constitui a sétima questão da ordem do dia da reunião;

Tendo decidido que essas proposições se revistam da forma de uma convenção internacional, adota, no dia vinte e nove de junho do ano de mil novecentos e cinquenta e um, a seguinte Convenção que pode ser citada como a Convenção sobre a Igualdade de Remuneração, de 1951:

Artigo 1º

Para os fins desta Convenção:

a) o termo "remuneração" compreende o vencimento ou salário normal, básico ou mínimo, e quaisquer vantagens adicionais pagas, direta ou indiretamente, pelo empregador ao trabalhador em espécie ou *in natura*, e resultantes do emprego;

b) a expressão "igual remuneração de homens e mulheres trabalhadores por trabalho de igual valor" refere-se a tabelas de remuneração estabelecidas sem discriminação baseada em sexo.

Artigo 2º

1. Todo País-membro deverá promover, por meios apropriados aos métodos em vigor para a fixação de tabelas de remuneração, e, na medida de sua compatibilidade com esses métodos, assegurar a aplicação, a todos os trabalhadores, do princípio da igualdade de remuneração de homens e mulheres trabalhadores por trabalho de igual valor.

2. Esse princípio pode ser aplicado por meio de:

a) leis ou regulamentos nacionais;

b) mecanismos legalmente estabelecidos e reconhecidos para a fixação de salários;

c) convenções ou acordos coletivos entre empregadores e trabalhadores, ou

d) a combinação desses meios.

Artigo 3º

1. Quando esta ação facilitar a aplicação das disposições desta Convenção, medidas serão tomadas para promover uma avaliação objetiva de empregos com base no trabalho a ser executado.

2. Os métodos a serem seguidos nessa avaliação serão decididos pelas autoridades responsáveis pela fixação de tabelas de remuneração ou, onde forem fixadas por convenções, acordos ou contratos coletivos, pelas partes contratantes.

3. As diferenças entre as tabelas de remuneração, que correspondem, sem consideração de sexo, a diferenças no trabalho a ser executado, conforme verificadas por essa avaliação objetiva, não serão consideradas como contrárias ao princípio da igualdade de remuneração de homens e mulheres trabalhadores por trabalho de igual valor.

Artigo 4º

Todo País-membro deverá colaborar com as organizações de empregadores e de trabalhadores interessadas da maneira mais conveniente para fazer cumprir as disposições desta Convenção.

Artigo 5º

As ratificações formais desta Convenção serão comunicadas, para registro, ao Diretor Geral do Secretariado da Organização Internacional do Trabalho.

Artigo 6º

1. Esta Convenção obrigará exclusivamente os Países-membros da Organização Internacional do Trabalho cujas ratificações tiverem sido registradas pelo Diretor Geral.

2. Esta Convenção entrará em vigor doze meses após a data em que as ratificações de dois Países--membros tiverem sido registradas pelo Diretor Geral.

3. A partir de então, esta Convenção entrará em vigor para qualquer País-membro doze meses após a data do registro de sua ratificação.

Artigo 7º

1. As declarações enviadas ao Diretor Geral do Secretariado da Organização Internacional do Trabalho, nos termos do Parágrafo 2 do Art. 35 da Constituição da Organização Internacional do Trabalho, indicarão:

a) os territórios a respeito dos quais o País-membro interessado compromete-se a aplicar, sem alterações, as disposições desta Convenção;

b) os territórios a respeito dos quais assegura que as disposições da Convenção serão aplicadas, embora sujeitas a modificações, juntamente com os detalhes das ditas modificações;

c) os territórios a respeito dos quais a Convenção é inaplicável e, nesse caso, as razões de sua inaplicabilidade;

d) os territórios a respeito dos quais adia suas decisões para uma avaliação mais profunda da situação.

2. Os compromissos a que se referem as alíneas a) e b) do Parágrafo 1 deste Artigo serão considerados como parte integrante da ratificação e produzirão os mesmos efeitos.

3. Todo País-membro, com base nas alíneas b), c) ou d) do Parágrafo 1 deste Artigo, poderá cancelar, em qualquer tempo, no todo ou em parte, por uma declaração subsequente, quaisquer restrições feitas em sua declaração anterior.

4. Todo País-membro poderá, em qualquer tempo em que a Convenção estiver sujeita à denúncia, de acordo com as disposições do Art. 9º, enviar ao Diretor Geral declaração que modifique em qualquer outro sentido os termos de qualquer declaração anterior e informe sobre a situação atual desses territórios especificados.

Artigo 8º

1. As declarações enviadas ao Diretor Geral do Secretariado da Organização Internacional do Trabalho, nos termos do Parágrafo 4 ou 5 ou do Art. 35 da Constituição da Organização Internacional do Trabalho, indicarão se as disposições serão aplicadas no território concernente sem modificações ou sujeitas a modificações; quando a declaração indicar que as disposições da Convenção serão aplicadas sob reserva de modificações, especificarão as modificações.

2. O País-membro ou os Países-membros ou uma autoridade em causa poderão, em qualquer tempo, por declaração subsequente, renunciar total ou parcialmente ao direito de invocar qualquer modificação indicada em declaração anterior.

3. O País-membro ou os Países-membros ou uma autoridade internacional em causa poderão, em qualquer tempo em que esta Convenção estiver sujeita a denúncia, de acordo com as disposições do Art. 9º, enviar ao Diretor Geral declaração que modifique em qualquer outro sentido os termos de qualquer declaração anterior e informe sobre a situação atual com referência à aplicação da Convenção.

Artigo 9º

1. O País-membro que ratificar esta Convenção poderá denunciá-la ao final de um período de dez anos, a contar da data de sua entrada em vigor, mediante comunicação, para registro, ao Diretor Geral do Secretariado da Organização Internacional do Trabalho. A denúncia não produzirá efeito antes de se completar um ano a contar da data de seu registro.

2. Todo País-membro que ratificar esta Convenção e que, no prazo de um ano após expirado o período de dez anos referido no parágrafo anterior, não tiver exercido o direito de denúncia previsto neste Artigo, ficará obrigado a um novo período de dez anos e, daí em diante, poderá denunciar esta Convenção ao final de cada período de dez anos, nos termos deste Artigo.

Artigo 10º

1. O Diretor Geral do Secretariado da Organização Internacional do Trabalho dará ciência a todos os Países-membros da Organização do registro de todas as ratificações, declarações e denúncias que lhe forem comunicadas pelos Países-membros da Organização.

2. Ao notificar os Países-membros da Organização sobre o registro da segunda ratificação que lhe tiver sido comunicada, o Diretor Geral lhes chamará a atenção para a data em que a Convenção entrará em vigor.

Artigo 11

O Diretor Geral do Secretariado da Organização Internacional do Trabalho comunicará ao Secretário Geral da Organização das Nações Unidas, para registro, em conformidade com o Art. 102 da Carta das Nações Unidas, informações circunstanciadas de todas as ratificações, declarações e atos de denúncia por ele registrados, nos termos do disposto nos artigos anteriores.

Artigo 12

Quando considerar necessário, o Conselho de Administração do Secretariado da Organização Internacional do Trabalho encaminhará relatório à Conferência Geral sobre o desempenho desta Convenção e examinará a conveniência de incluir na ordem do dia da Conferência a questão de sua revisão total ou parcial.

Artigo 13

1. No caso de adotar a Conferência uma nova convenção, que reveja total ou parcialmente esta Convenção, a menos que a nova convenção disponha de outro modo;

a) a ratificação, por um País-membro, da nova convenção revista implicará, *ipso jure*, a partir do momento em que entrar em vigor a Convenção revista, a denúncia imediata desta Convenção, não obstante as disposições constantes do Art. 9º *supra*;

b) a partir da data de entrada em vigor da convenção revista, esta Convenção deixará de estar sujeita a ratificação pelos Países-membros.

2. Esta Convenção continuará de qualquer maneira em vigor, na sua forma e conteúdo, para os Países-membros que a ratificaram, mas não ratificarem a Convenção revista.

Artigo 14

As versões em inglês e francês do texto desta Convenção são igualmente oficiais.

CONVENÇÃO 105

CONVENÇÃO RELATIVA A ABOLIÇÃO DO TRABALHO FORÇADO

Entrou em vigor em 17 de janeiro de 1959. Ratificada pelo Brasil em 18 de junho de 1965.

A Conferência Geral da Organização Internacional do Trabalho,

Convocada pelo Conselho de Administração do Secretariado da Organização Internacional do Trabalho e reunida em Genebra, em 5 de junho de 1957, em sua Quadragésima reunião;

Tendo examinado o problema do Trabalho forçado que constitui a quarta questão da ordem do dia da reunião;

Tendo em vista as disposições da Convenção sobre o Trabalho Forçado, de 1930;

Tendo verificado que a Convenção sobre a Escravidão, de 1926, dispõe que sejam tomadas todas as medidas necessárias para evitar que o trabalho forçado ou obrigatório produza condições análogas à escravidão, e que a Convenção Suplementar Relativa à Abolição da Escravidão, do Tráfico de Escravos e de Instituições e Práticas Análogas à Escravidão, de 1956, visa a total abolição do trabalho forçado e da servidão por dívida;

Tendo verificado que a Convenção sobre a Proteção do Salário, de 1949, determina que o salário será pago regularmente e proíbe sistemas de pagamento que privem o trabalhador da real possibilidade de deixar o emprego;

Tendo resolvido adotar outras proposições relativas à abolição de certas formas de trabalho forçado ou obrigatório que constituem uma violação dos direitos humanos constantes da Carta das Nações Unidas e enunciadas na Declaração Universal dos Direitos Humanos;

Tendo decidido que essas proposições se revistam da forma de uma convenção internacional, adota, no dia vinte e cinco de junho de mil novecentos e cinquenta e sete, esta Convenção que pode ser citada como a Convenção sobre a Abolição do Trabalho Forçado, de 1957.

Artigo 1º

Todo País-membro da Organização Internacional do Trabalho que ratificar esta Convenção compromete-se a abolir toda forma de trabalho forçado ou obrigatório e dele não fazer uso:

a) como medida de coerção ou de educação política ou como punição por ter ou expressar opiniões políticas ou pontos de vista ideologicamente opostos ao sistema político, social e econômico vigente;

b) como método de mobilização e de utilização da mão de obra para fins de desenvolvimento econômico;

c) como meio de disciplinar a mão de obra;

d) como punição por participação em greves;

e) como medida de discriminação racial, social, nacional ou religiosa.

Artigo 2º

Todo País-membro da Organização Internacional do Trabalho que ratificar esta Convenção compromete-se a adotar medidas para assegurar a imediata e completa abolição do trabalho forçado ou obrigatório, conforme estabelecido no Art. 1º desta Convenção.

Artigo 3º

As ratificações formais desta Convenção serão comunicadas, para registro, ao Diretor Geral do Secretariado da Organização Internacional do Trabalho.

Artigo 4º

1. Esta Convenção obrigará unicamente os Países-membros da Organização Internacional do Trabalho cujas ratificações tiverem sido registradas pelo Diretor Geral.

2. Esta Convenção entrará em vigor doze meses após a data de registro, pelo Diretor Geral, das ratificações de dois Países-membros.

3. A partir de então, esta Convenção entrará em vigor para todo País-membro doze meses após a data do registro de sua ratificação.

Artigo 5º

1. Todo País-membro que ratificar esta Convenção poderá denunciá-la ao final de um período de dez anos, a contar da data de sua entrada em vigor, mediante comunicação ao Diretor Geral do Secretariado da Organização Internacional do Trabalho, para registro. A denúncia não terá efeito antes de se completar um ano a contar da data de seu registro.

2. Todo País-membro que ratificar esta Convenção e que, no prazo de um ano após expirado o período de dez anos referido no parágrafo anterior, não tiver exercido o direito de denúncia provido neste Artigo, ficará obrigado a um novo período de dez anos e, daí em diante, poderá denunciar esta Convenção ao final de cada período de dez anos, nos termos deste Artigo.

Artigo 6º

1. O Diretor Geral do Secretariado da Organização Internacional do Trabalho dará ciência a todos os Países-membros da Organização Internacional do Trabalho do registro de todas as ratificações e denúncias que lhe forem comunicadas pelos Países-membros da Organização.

2. Ao notificar os Países-membros da Organização sobre o registro de segunda ratificação que lhe tenha sido comunicada, o Diretor Geral lhes chamará a atenção para a data na qual entrará em vigor esta Convenção.

Artigo 7º

O Diretor Geral do Secretariado da Organização Internacional do Trabalho comunicará ao Secretário Geral das Nações Unidas, para registro, de conformidade como Art. 102 da Carta das Nações Unidas, informações circunstanciadas sobre as ratificações e atos de denúncia por ele registrados, nos termos do disposto nos artigos anteriores.

Artigo 8º

O Conselho de Administração do Secretariado da Organização Internacional do Trabalho apresentará à Conferência Geral, quando considerar necessário, relatório sobre o desempenho desta Convenção e examinará a conveniência de incluir na pauta da Conferência a questão de sua revisão total ou parcial.

Artigo 9º

1. No caso de adotar a Conferência uma nova convenção que reveja total ou parcialmente esta Convenção, a menos que a nova Convenção disponha de outro modo;

a) a ratificação por um País-membro da nova Convenção revista implicará, *ipso jure*, a denúncia imediata desta Convenção, a partir do momento em que a nova Convenção revista entrar em vigor, não obstante as disposições do Art. 5º;

b) a partir da data de entrada em vigor da convenção revista, esta Convenção deixará de estar sujeita a ratificação pelos Países-membros.

2. Esta Convenção permanecerá, entretanto, em vigor, na sua forma e conteúdo atuais, para os Países-membros que a ratificaram, mas não ratificarem a convenção revista.

Artigo 10º

As versões em inglês e francês do texto desta Convenção são igualmente oficiais.

CONVENÇÃO 111

SOBRE A DISCRIMINAÇÃO EM MATÉRIA DE EMPREGO E PROFISSÃO

Entrou em vigor em 15 de junho de 1960. Ratificada pelo Brasil em 26 de novembro de 1965.

A Conferência Geral da Organização Internacional do Trabalho,

Convocada em Genebra pelo Conselho de Administração do Secretariado da Organização Internacional do Trabalho e reunida, em 4 de junho de 1958, em sua Quadragésima Segunda Reunião;

Tendo decidido adotar diversas proposições relativas à discriminação em matéria de emprego e profissão, o que constitui a quarta questão da ordem do dia da reunião;

Tendo decidido que essas proposições se revistam da forma de uma convenção internacional;

Considerando que a Declaração de Filadélfia afirma que todos os seres humanos, sem distinção de raça, credo ou sexo, têm o direito de buscar tanto o seu bem-estar material quanto seu desenvolvimento espiritual, em condições de liberdade e de dignidade, de segurança econômica e de igual oportunidade;

Considerando ainda que a discriminação constitui uma violação dos direitos enunciados na Declaração Universal dos Direitos Humanos, adota, aos vinte e cinco dias de junho do ano de mil novecentos e cinquenta e oito, esta Convenção que pode ser citada como a Convenção sobre a Discriminação (Emprego e Profissão), de 1958:

Artigo 1º

1. Para os fins desta Convenção, o termo "discriminação" compreende:

a) toda distinção, exclusão ou preferência, com base em raça, cor, sexo, religião, opinião política, nacionalidade ou origem social, que tenha por efeito anular ou reduzir a igualdade de oportunidade ou de tratamento no emprego ou profissão;

b) qualquer outra distinção, exclusão ou preferência que tenha por efeito anular ou reduzir a igualdade de oportunidade ou tratamento no emprego ou profissão, conforme pode ser determinado pelo País-membro concernente, após consultar organizações representativas de empregadores e de trabalhadores, se as houver, e outros organismos adequados.

2. Qualquer distinção, exclusão ou preferência, com base em qualificações exigidas para um determinado emprego, não são consideradas como discriminação.

3. Para os fins desta Convenção, as palavras "emprego" e "profissão" compreendem o acesso à formação profissional, acesso a emprego e a profissões, e termos e condições de emprego.

Artigo 2º

Todo País-membro, no qual vigore esta Convenção, compromete-se a adotar e seguir uma política nacional destinada a promover, por meios adequados às condições e à prática nacionais, a igualdade de oportunidade e de tratamento em matéria de emprego e profissão, objetivando a eliminação de toda discriminação nesse sentido.

Artigo 3º

Todo País-membro, no qual vigore esta Convenção, compromete-se, por meios adequados às condições e à prática nacionais, a:

a) buscar a cooperação de organizações de empregadores e de trabalhadores e de outros organismos apropriados, para promover a aceitação e observância dessa política;

b) promulgar leis e promover programas educacionais de natureza que assegurem a aceitação e observância dessa política;

c) revogar quaisquer disposições legais e modificar quaisquer normas ou práticas administrativas incompatíveis com essa política;

d) por sob o controle direto de uma autoridade nacional a execução dessa política referente a emprego;

e) assegurar a observância dessa política nas atividades de orientação profissional, de formação profissional e de oferta de empregos;

f) indicar, em seus relatórios anuais sobre a aplicação da Convenção, as medidas adotadas na execução da política e os resultados por elas alcançados.

Artigo 4º

Quaisquer medidas que afetem uma pessoa sobre a qual recaia legítima suspeita de estar se dedicando ou se achar envolvida em atividades prejudiciais à segurança do Estado, não serão consideradas discriminatórias, contanto que à pessoa envolvida assista o direito de apelar para uma instância competente de acordo com a prática nacional.

Artigo 5º

1. Não são consideradas discriminatórias medidas especiais de proteção ou de assistência providas em outras convenções ou recomendações adotadas pela Conferência Internacional do Trabalho.

2. Todo País-membro pode, mediante consulta a organizações representativas de empregadores e de trabalhadores, se as houver, definir, como não discriminatórias, outras medidas especiais destinadas a atender a necessidades particulares de pessoas que, por motivo de sexo, idade, invalidez, encargos de família ou nível social ou cultural, necessitem de proteção ou assistência especial.

Artigo 6º

Todo País-membro que ratifique esta Convenção compromete-se a aplicá-la nos territórios não metropolitanos de acordo comas disposições da Constituição da Organização Internacional do Trabalho.

Artigo 7º

As ratificações formais desta Convenção serão comunicadas, para registro, ao Diretor Geral do Secretariado da Organização Internacional do Trabalho.

Artigo 8º

1. Esta Convenção obriga unicamente os Países-membros da Organização Internacional do Trabalho cujas ratificações tenham sido registradas pelo Diretor Geral.

2. Esta Convenção entrará em vigor doze meses após a data do registro, pelo Diretor Geral, das ratificações de dois Países-membros.

3. A partir de então, esta Convenção entrará em vigor para todo País-membro doze meses após a data do registro de sua ratificação.

Artigo 9º

1. Todo País-membro que ratificar esta Convenção poderá denunciá-la ao final de um período de dez anos, a contar da data de sua entrada em vigor, mediante comunicação ao Diretor Geral do Secretariado da Organização Internacional do Trabalho, para registro. A denúncia não terá efeito antes de se completar um ano a contar da data de seu registro.

2. Todo País-membro que ratificar esta Convenção e que, no prazo de um ano após expirado o período de dez anos referido no parágrafo anterior, não tiver exercido o direito de denúncia provido neste Artigo, ficará obrigado a um novo período de dez anos e, daí em diante, poderá denunciar esta Convenção ao final de cada período de dez anos, nos termos deste Artigo.

Artigo 10º

1. O Diretor Geral do Secretariado da Organização Internacional do Trabalho dará ciência a todos os Países-membros da Organização do registro de todas as ratificações e denúncias que lhe forem comunicadas pelos Países-membros da Organização.

2. Ao notificar os Países-membros da Organização sobre o registro da segunda ratificação que lhe tiver sido comunicada, o Diretor Geral lhes chamará a atenção para a data em que entrará em vigor a Convenção.

Artigo 11

O Diretor Geral do Secretariado da Organização Internacional do Trabalho comunicará ao Secretário Geral da Organização das Nações Unidas, para registro, em conformidade com o Art. 102 da Carta das Nações Unidas, informações circunstanciadas sobre todas as ratificações e atos de denúncia por ele registrados, nos termos do disposto nos artigos anteriores.

Artigo 12

O Conselho de Administração do Secretariado da Organização Internacional do Trabalho apresentará à Conferência Geral, quando considerar necessário, relatório sobre o desempenho desta Convenção e examinará a conveniência de incluir na pauta da Conferência a questão de sua revisão total ou parcial.

Artigo 13

1. No caso de adotar a Conferência uma nova convenção que reveja total ou parcialmente esta Convenção, a menos que a nova convenção disponha de outro modo;

a) a ratificação, por um País-membro, da nova convenção revista implicará, *ipso jure*, a denúncia imediata desta Convenção, a partir do momento em que entrar em vigor a Convenção revista, não obstante as disposições constantes do art. 9º;

b) a partir da datada entrada em vigor da convenção revista, esta Convenção deixará de estar sujeita a ratificação pelos Países-membros.

2. Esta Convenção continuará, entretanto, em vigor, na sua forma e conteúdo atuais, para os Países-membros que a ratificaram, mas não ratificarem a convenção revista.

Artigo 14

As versões em inglês e francês do texto desta Convenção são igualmente oficiais.

CONVENÇÃO 138

SOBRE A IDADE MÍNIMA PARA ADMISSÃO AO EMPREGO

Entrou em vigor em 19 de junho de 1976. Ratificada pelo Brasil em 28 de junho de 2001.

A Conferência Geral da Organização Internacional do Trabalho:

Convocada em Genebra pelo Conselho de Administração do Secretariado da Organização Internacional do Trabalho e reunida em 6 de junho de 1973, em sua quinquagésima oitava reunião;

Tendo decidido adotar diversas proposições relativas à idade mínima para admissão a emprego, tema que constitui a quarta questão da ordem do dia da reunião;

Considerando as disposições das seguintes convenções:

Convenção sobre a idade mínima (indústria), de 1919;

Convenção sobre a idade mínima (trabalho marítimo), de 1920;

Convenção sobre a idade mínima (agricultura), de 1921;

Convenção sobre a idade mínima (estivadores e foguistas), de 1921;

Convenção sobre a idade mínima (emprego não-industrial), de 1932;

Convenção (revista) sobre a idade mínima (trabalho marítimo), de 1936;

Convenção (revista) sobre a idade mínima (indústria), de 1937;

Convenção (revista) sobre a idade mínima (emprego não-industrial), de 1937;

Convenção sobre a idade mínima (pescadores), de 1959, e a

Convenção sobre a idade mínima (trabalho subterrâneo), de 1965;

Considerando ter chegado o momento de adotar um instrumento geral sobre a matéria, que substitua gradualmente os atuais instrumentos, aplicáveis a limitados setores econômicos, com vista à total abolição do trabalho infantil;

Tendo determinado que essas proposições se revistam da forma de uma convenção internacional, adota, no dia vinte e seis de junho de mil novecentos e setenta e três, a seguinte Convenção que pode ser citada como a Convenção sobre a Idade Mínima, de 1973:

Artigo 1º

Todo País-membro, no qual vigore esta Convenção, compromete-se a seguir uma política nacional que assegure a efetiva abolição do trabalho infantil e eleve, progressivamente, a idade mínima de admissão a emprego ou a trabalho a um nível adequado ao pleno desenvolvimento físico e mental do jovem.

Artigo 2º

1. Todo País-membro que ratificar esta Convenção especificará, em declaração anexa à ratificação, uma idade mínima para admissão a emprego ou trabalho em seu território e nos meios de transporte registrados em seu território; ressalvado o disposto nos Artigos 4º e 8º desta Convenção, nenhuma pessoa com idade inferior a essa idade será admitida a emprego ou trabalho em qualquer ocupação.

2. Todo País-membro que ratificar esta Convenção poderá notificar ao Diretor Geral do Secretariado da Organização Internacional do Trabalho, por declarações subsequentes, que estabelece uma idade mínima superior à anteriormente definida.

3. A idade mínima fixada nos termos do Parágrafo 1º deste Artigo não será inferior à idade de conclusão da escolaridade compulsória ou, em qualquer hipótese, não inferior a quinze anos.

4. Não obstante o disposto no Parágrafo 3º deste Artigo, o País-membro, cuja economia e condições do ensino não estiverem suficientemente desenvolvidas, poderá, após consulta às organizações de empregadores e de trabalhadores concernentes, se as houver, definir, inicialmente, uma idade mínima de quatorze anos.

5. Todo País-membro que definir uma idade mínima de quatorze anos, de conformidade com a disposição do parágrafo anterior, incluirá em seus relatórios a serem apresentados sobre a aplicação desta Convenção, nos termos do Art. 22 da Constituição da Organização Internacional do Trabalho, declaração:

a) de que subsistem os motivos dessa providência ou

b) de que renuncia ao direito de se valer da disposição em questão a partir de uma determinada data.

Artigo 3º

1. Não será inferior a dezoito anos a idade mínima para a admissão a qualquer tipo de emprego ou trabalho que, por sua natureza ou circunstâncias em que for executado, possa prejudicar a saúde, a segurança e a moral do jovem.

2. Serão definidos por lei ou regulamentos nacionais ou pela autoridade competente, após consulta com as organizações de empregadores e de trabalhadores concernentes, se as houver, as categorias de emprego ou trabalho às quais se aplica o Parágrafo 1º deste Artigo.

3. Não obstante o disposto no Parágrafo 14 deste Artigo, a lei ou regulamentos nacionais ou a autoridade competente poderá, após consultar as organizações de empregadores e de trabalhadores concernentes, se as houver, autorizar emprego ou trabalho a partir da idade de dezesseis anos, desde que estejam plenamente protegidas a saúde, a segurança e a moral dos jovens envolvidos e lhes seja proporcionada instrução ou formação adequada e específica no setor da atividade pertinente.

Artigo 4º

1. A autoridade competente, após consulta com as organizações de empregadores e de trabalhadores concernentes, se as houver, poderá, na medida do necessário, excluir da aplicação desta Convenção um limitado número de categorias de emprego ou trabalho a respeito das quais se levantarem reais e especiais problemas de aplicação.

2. Todo País-membro que ratificar esta Convenção alistará em seu primeiro relatório sobre sua aplicação, a ser submetido nos termos do Art. 22 da Constituição da Organização Internacional do Trabalho, todas as categorias que possam ter sido excluídas de conformidade com o Parágrafo 1º deste Artigo, dando as razões dessa exclusão, e indicará, nos relatórios subsequentes, a situação de sua lei e prática com referência às categorias excluídas e a medida em que foi dado ou se pretende dar efeito à Convenção com relação a essas categorias.

3. Não será excluído do alcance da Convenção, de conformidade com este Artigo, emprego ou trabalho protegido pelo art. 34 desta Convenção.

Artigo 5º

1. O País-membro, cuja economia e condições administrativas não estiverem suficientemente desenvolvidas, poderá, após consulta com as organizações de empregadores e de trabalhadores, se as houver, limitar inicialmente o alcance de aplicação desta Convenção.

2. Todo País-Membro que se servir do disposto no Parágrafo 1º deste Artigo especificará, em declaração anexa à sua ratificação, os setores de atividade econômica ou tipos de empreendimentos aos quais aplicará as disposições da Convenção.

3. As disposições desta Convenção serão aplicáveis, no mínimo, a: mineração e pedreira; indústria manufatureira; construção; eletricidade, água e gás; serviços sanitários; transporte, armazenamento e comunicações; plantações e outros empreendimentos agrícolas de fins comerciais, excluindo, porém, propriedades familiares e de pequeno porte que produzam para o consumo local e não empreguem regularmente mão de obra remunerada.

4. Todo País-membro que tiver limitado o alcance de aplicação desta Convenção, nos termos deste Artigo,

a) indicará em seus relatórios, nos termos do Art. 22 da Constituição da Organização Internacional do Trabalho, a situação geral com relação ao emprego ou trabalho de jovens e crianças nos setores de atividade excluídos do alcance de aplicação desta Convenção e todo progresso que tenha sido feito no sentido de uma aplicação mais ampla de suas disposições;

b) poderá, em qualquer tempo, estender formalmente o alcance de aplicação com uma declaração encaminhada ao Diretor Geral do Secretariado da Organização Internacional do Trabalho.

Artigo 6º

Esta Convenção não se aplicará a trabalho feito por crianças e jovens em escolas de educação vocacional ou técnica ou em outras instituições de treinamento em geral ou a trabalho feito por pessoas de no mínimo quatorze anos de idade em empresas em que esse trabalho for executado dentro das condições prescritas pela autoridade competente, após consulta com as organizações de empregadores e de trabalhadores concernentes, onde as houver, e constituir parte integrante de:

a) curso de educação ou treinamento pelo qual é principal responsável uma escola ou instituição de treinamento;

b) programa de treinamento principalmente ou inteiramente numa empresa, que tenha sido aprovado pela autoridade competente, ou

c) programa de orientação vocacional para facilitar a escolha de uma profissão ou de especialidade de treinamento.

Artigo 7º

1. As leis ou regulamentos nacionais poderão permitir o emprego ou trabalho a pessoas entre treze e quinze anos em serviços leves que:

a) não prejudiquem sua saúde ou desenvolvimento, e

b) não prejudiquem sua frequência escolar, sua participação em programas de orientação vocacional ou de treinamento aprovados pela autoridade competente ou sua capacidade de se beneficiar da instrução recebida.

2. As leis ou regulamentos nacionais poderão também permitir o emprego ou trabalho a pessoas com, no mínimo, quinze anos de idade e que não tenham ainda concluído a escolarização compulsória em trabalho que preencher os requisitos estabelecidos nas alíneas a) e b) do Parágrafo 1º deste Artigo.

3. A autoridade competente definirá as atividades em que o emprego ou trabalho poderá ser permitido nos termos dos Parágrafos 1º e 2º deste Artigo e estabelecerá o número de horas e as condições em que esse emprego ou trabalho pode ser desempenhado.

4. Não obstante o disposto nos Parágrafos 1º e 2º deste Artigo, o País-membro que se tiver servido das disposições do Parágrafo 4º do Art. 2º poderá, enquanto continuar assim procedendo, substituir as idades de treze e quinze anos pelas idades de doze e quatorze anos e a idade de quinze anos pela idade de quatorze anos dos respectivos Parágrafos 1º e 2º deste Artigo.

Artigo 8º

1. A autoridade competente, após consulta com as organizações de empregadores e de trabalhadores concernentes, se as houver, poderá, mediante licenças concedidas em casos individuais, permitir exceções para a proibição de emprego ou trabalho provida no Art. 2º desta Convenção, para finalidades como a participação em representações artísticas.

2. Licenças dessa natureza limitarão o número de horas de duração do emprego ou trabalho e estabelecerão as condições em que é permitido.

Artigo 9º

1. A autoridade competente tomará todas as medidas necessárias, inclusive a instituição de sanções apropriadas, para garantir a efetiva vigência das disposições desta Convenção.

2. As leis ou regulamentos nacionais ou a autoridade competente designarão as pessoas responsáveis pelo cumprimento das disposições que dão efeito à Convenção.

3. As leis ou regulamentos nacionais ou a autoridade competente prescreverão os registros ou outros documentos que devem ser mantidos e postos à disposição pelo empregador; esses registros ou documentos conterão nome, idade ou data de nascimento, devidamente autenticados sempre que possível, das pessoas que emprega ou que trabalham para ele e tenham menos de dezoito anos de idade.

Artigo 10º

1. Esta Convenção revê, nos termos estabelecidos neste Artigo, a Convenção sobre a Idade Mínima (Indústria), de 1919; a Convenção sobre a Idade Mínima (Marítimos), de 1920; a Convenção sobre a Idade Mínima (Agricultura), de 1921; a Convenção sobre a Idade Mínima (Estivadores e Foguistas), de 1921; a Convenção sobre a Idade Mínima (Emprego não-Industrial), de 1932; a Convenção (revista) sobre a Idade Mínima (Marítimos), de 1936; a Convenção (revista) sobre a Idade Mínima (Indústria), de 1937; a Convenção (revista) sobre a Idade Mínima (Emprego não-Industrial), de 1937; a Convenção sobre a Idade Mínima (Pescadores), de 1959 e a Convenção sobre a Idade Mínima (Trabalho Subterrâneo), de 1965.

2. A entrada em vigor desta Convenção não priva de ratificações ulteriores as seguintes convenções: Convenção (revista) sobre a Idade Mínima (Marítimos), de 1936; a Convenção (revista) sobre a Idade Mínima (Indústria), de 1937; a Convenção (revista) sobre a Idade Mínima (Emprego não-Industrial), de 1937; a Convenção sobre a Idade Mínima (Pescadores), de 1959 e a Convenção sobre a Idade Mínima (Trabalho Subterrâneo), de 1965.

3. A Convenção sobre a Idade Mínima (Indústria), de 1919; a Convenção (revista) sobre a Idade Mínima (Marítimos), de 1920; a Convenção sobre a Idade Mínima (Agricultura), de 1921 e a Convenção sobre a Idade Mínima (Estivadores e Foguistas), de 1921, não estarão mais sujeitas a ratificações ulteriores quando todos os seus participantes assim estiverem de acordo pela ratificação desta Convenção ou por declaração enviada ao Diretor Geral do Secretariado da Organização Internacional do Trabalho.

4. Quando as obrigações desta Convenção são aceitas:

a) por um País-membro que faça parte da Convenção (revista) sobre a Idade Mínima (Indústria), de 1937, e é fixada uma idade mínima de não menos de quinze anos, nos termos do Art. 24 desta Convenção, isso implicará *ipso jure* a denúncia imediata da dita Convenção;

b) com referência ao emprego não-industrial, conforme definido na Convenção sobre Idade Mínima (Emprego não-Industrial), de 1932, por um País-membro que faça parte dessa Convenção, isso implicará *ipso jure* a denúncia imediata da dita Convenção;

c) com referência ao emprego não-industrial, conforme definido na Convenção (revista) sobre a Idade Mínima (Emprego não-Industrial), de 1937, por um País-membro que faça parte dessa

Convenção, e é fixada uma idade mínima de não menos de quinze anos, nos termos do Art. 2º desta Convenção, isso implicará *ipso jure* a denúncia imediata da dita Convenção;

d) com referência ao emprego marítimo, por um País-membro que faça parte da Convenção (revista) sobre a Idade Mínima (Marítimos), de 1936 e é fixada uma idade mínima de não menos de quinze anos, nos termos do Art. 24 desta Convenção, ou o País-membro define que o Art. 3º desta Convenção aplica-se ao emprego marítimo, isso implicará *ipso jure* a denúncia imediata da dita Convenção;

e) com referência ao emprego em pesca marítima, por um País-membro que faça parte da Convenção sobre a Idade Mínima (Pescadores), de 1959, e é especificada uma idade mínima de não menos de quinze anos, nos termos do Art. 2º desta Convenção ou o País-membro especifica que o Art. 3º desta Convenção aplica-se a emprego em pesca marítima, isso implicará *ipso jure* a denúncia imediata da dita Convenção;

f) por um País-membro que é parte da Convenção sobre a Idade Mínima (Trabalho Subterrâneo), de 1965, e é especificada uma idade mínima de não menos de quinze anos, nos termos do Art. 2º desta Convenção, ou o País-membro estabelece que essa idade aplica-se a emprego subterrâneo em minas, por força do Art. 3º desta Convenção, isso implicará *ipso jure* a denúncia imediata da dita Convenção, a partir do momento que esta Convenção entrar em vigor.

5. A aceitação das obrigações desta Convenção:

a) implicará a denúncia da Convenção sobre a Idade Mínima (Indústria), de 1919, de conformidade com seu Art. 12;

b) com referência à agricultura, implicará a denúncia da Convenção sobre a Idade Mínima (Agricultura), de 1921, de conformidade com seu Art. 9º;

c) com referência ao emprego marítimo, implicará a denúncia da Convenção sobre a Idade Mínima (Marítimos), de 1920, de conformidade com seu Art. 109, e da Convenção sobre a Idade Mínima (Estivadores e Foguistas), de 1921, de conformidade com seu Art. 12, a partir do momento em que esta Convenção entrar em vigor.

Artigo 11

As ratificações formais desta Convenção serão comunicadas, para registro, ao Diretor Geral do Secretariado da Organização Internacional do Trabalho.

Artigo 12

1. Esta Convenção obrigará unicamente os Países-membros da Organização Internacional do Trabalho cujas ratificações tiverem sido registradas pelo Diretor Geral.

2. Esta Convenção entrará em vigor doze meses após a data de registro, pelo Diretor Geral, das ratificações de dois Países-membros.

3. A partir de então, esta Convenção entrará em vigor, para todo País-membro, doze meses depois do registro de sua ratificação.

Artigo 13

1. O País-membro que ratificar esta Convenção poderá denunciá-la ao final de um período de dez anos, a contar da data de sua entrada em vigor, mediante comunicação ao Diretor Geral do Secretariado da Organização Internacional do Trabalho para registro. A denúncia não terá efeito antes de se completar um ano a contar da data de seu registro.

2. Todo País-membro que ratificar esta Convenção e que, no prazo de um ano após expirado o período de dez anos referido no parágrafo anterior, não tiver exercido o direito de denúncia provido neste Artigo, ficará obrigado a um novo período de dez anos e, daí por diante, poderá denunciar esta Convenção ao final de cada período de dez anos, nos termos deste Artigo.

Artigo 14

1. O Diretor Geral do Secretariado da Organização Internacional do Trabalho dará ciência a todos os Países-membros da Organização do registro de todas as ratificações e denúncias que lhe forem comunicadas pelos Países-membros da Organização.

2. Ao notificar os Países-membros da Organização sobre o registro da segunda ratificação que lhe tiver sido comunicada, o Diretor Geral lhes chamará a atenção para a data em que a Convenção entrará em vigor.

Artigo 15

O Diretor Geral do Secretariado da Organização Internacional do Trabalho comunicará ao Secretário Geral das Nações Unidas, para registro, nos termos do Art. 102 da Carta das Nações Unidas, informações circunstanciadas sobre todas as ratificações e atos de denúncia por ele registrados, conforme o disposto nos artigos anteriores.

Artigo 16

O Conselho de Administração do Secretariado da Organização Internacional do Trabalho apresentará à Conferência Geral, quando considerar necessário, relatório sobre o desempenho desta Convenção e examinará a conveniência de incluir na pauta da Conferência a questão de sua revisão total ou parcial.

Artigo 17

1. No caso de adotar a Conferência uma nova convenção que reveja total ou parcialmente esta Convenção, a menos que a nova convenção disponha de outro modo;

a) a ratificação, por um País-membro, da nova convenção revista implicará, *ipso jure*, a partir do momento em que entrar em vigor a convenção revista, a denúncia imediata desta Convenção, não obstante as disposições do Art. 3º;

b) esta Convenção deixará de estar sujeita a ratificação pelos Países-membros a partir da data de entrada em vigor da convenção revista;

c) esta Convenção continuará a vigorar, na sua forma e conteúdo, nos Países-membros que a ratificaram, mas não ratificarem a convenção revista.

Artigo 18

As versões em inglês e francês do texto desta Convenção são igualmente oficiais.

CONVENÇÃO 182

SOBRE AS PIORES FORMAS DE TRABALHO INFANTIL

Convenção sobre a Proibição e Ação Imediata para a Eliminação das Piores Formas de Trabalho Infantil.

Entrou em vigor em 19 de novembro de 2000. Ratificada pelo Brasil em 2 de fevereiro de 2000.

A Conferência Geral da Organização Internacional do Trabalho, Convocada em Genebra pelo Conselho de Administração do Secretariado da Organização Internacional do Trabalho e reunida em sua 87ª Sessão, em 1º de junho de 1999,

Considerando a necessidade de adotar novos instrumentos para proibição e eliminação das piores formas de trabalho infantil, como principal prioridade da ação nacional e internacional, que inclui cooperação e assistência internacionais, para complementar a Convenção e a Recomendação sobre a Idade Mínima para Admissão no Emprego, de 1973, que continuam sendo instrumentos fundamentais sobre trabalho infantil;

Considerando que a efetiva eliminação das piores formas de trabalho infantil requer ação imediata e global, que leve em conta a importância da educação fundamental e gratuita e a necessidade de retirar a criança de todos esses trabalhos, promover sua reabilitação e integração social e, ao mesmo tempo, atender as necessidades de suas famílias;

Recordando a resolução sobre a eliminação do trabalho infantil adotada pela Conferência Internacional do Trabalho, em sua 83ª Sessão, em 1996;

Reconhecendo que o trabalho infantil é devido, em grande parte, à pobreza e que a solução a longo prazo reside no crescimento econômico sustentado, que conduz ao progresso social, sobretudo ao alívio da pobreza e à educação universal;

Recordando a Convenção sobre os Direitos da Criança, adotada pela Assembleia das Nações Unidas, em 20 de novembro de 1989;

Recordando a Declaração da OIT sobre os Princípios e Direitos Fundamentais no Trabalho e seu acompanhamento, adotada pela Conferência Internacional do Trabalho em sua 86ª Sessão, em 1998;

Recordando que algumas das piores formas de trabalho infantil são objeto de outros instrumentos internacionais, particularmente a Convenção sobre Trabalho Forçado, de 1930, e a Convenção Suplementar das Nações Unidas sobre a Abolição da Escravidão, do Tráfico de Escravos e de Instituições e Práticas Similares à Escravidão, de 1956;

Tendo-se decidido pela adoção de diversas proposições relativas ao trabalho infantil, questão que constitui o quarto item da ordem do dia da reunião; e

Após determinar que estas proposições se revestissem da forma de convenção internacional, adota, neste décimo sétimo dia de junho do ano de mil novecentos e noventa e nove, a seguinte Convenção que poderá ser citada como Convenção sobre as Piores Formas de Trabalho Infantil, 1999:

Artigo 1º

Todo país-membro que ratificar a presente Convenção deverá adotar medidas imediatas e eficazes que garantam a proibição e a eliminação das piores formas de trabalho infantil em caráter de urgência.

Artigo 2º

Para os efeitos desta Convenção, o termo criança aplicar-se-á a toda pessoa menor de 18 anos.

Artigo 3º

Para os efeitos desta Convenção, a expressão as piores formas de trabalho infantil compreende:

(a) todas as formas de escravidão ou práticas análogas à escravidão, como venda e tráfico de crianças, sujeição por dívida e servidão, trabalho forçado ou compulsório, inclusive recrutamento forçado ou compulsório de crianças para serem utilizadas em conflitos armados;

(b) utilização, procura e oferta de criança para fins de prostituição, de produção de material pornográfico ou espetáculos pornográficos;

(c) utilização, procura e oferta de crianças para atividades ilícitas, particularmente para a produção e tráfico de drogas conforme definidos nos tratados internacionais pertinentes;

(d) trabalhos que, por sua natureza ou pelas circunstâncias em que são executados, são susceptíveis de prejudicar a saúde, a segurança e a moral da criança.

Artigo 4º

1. Os tipos de trabalho a que se refere o Art. 3º (d) deverão ser determinados pela legislação nacional ou pela autoridade competente, após consulta com as organizações de empregadores e de trabalhadores interessadas, levando em consideração as normas internacionais pertinentes, particularmente os parágrafos 3º e 4º da Recomendação sobre as Piores Formas de Trabalho Infantil, de 1999.

2. A autoridade competente, após consulta com as organizações de empregadores e trabalhadores interessadas, deverá identificar onde são praticados esses tipos de trabalho determinados nos termos do parágrafo 1º deste Artigo.

3. A relação dos tipos de trabalho determinados nos termos do parágrafo 1º deste Artigo deverá ser periodicamente examinada e, se necessário, revista em consulta com as organizações de empregadores e de trabalhadores interessadas.

Artigo 5º

Todo país-membro, após consulta com organizações de empregadores e de trabalhadores, estabelecerá ou designará mecanismos apropriados para monitorar a aplicação das disposições que dão efeito à presente Convenção.

Artigo 6º

1. Todo país-membro elaborará e desenvolverá programas de ação para eliminar, com prioridade, as piores formas de trabalho infantil.

2. Esses programas de ação deverão ser elaborados e implementados em consulta com as relevantes instituições governamentais e organizações de empregadores e de trabalhadores, levando em consideração, conforme o caso, opiniões de outros grupos interessados.

Artigo 7º

1. Todo país-membro deverá adotar todas as medidas necessárias para assegurar a efetiva aplicação e cumprimento das disposições que dão efeito a esta Convenção, inclusive a elaboração e aplicação de sanções penais ou, conforme o caso, outras sanções.

2. Todo país-membro, tendo em vista a importância da educação para a eliminação do trabalho infantil, deverá adotar medidas efetivas e num prazo determinado com o fim de:

(a) impedir a ocupação de crianças nas piores formas de trabalho infantil;

(b) proporcionar a necessária e apropriada assistência direta para retirar as crianças das piores formas de trabalho infantil e assegurar sua reabilitação e integração social;

(c) garantir o acesso de toda criança retirada das piores formas de trabalho infantil à educação fundamental gratuita e, quando possível e conveniente, à formação profissional;

(d) identificar crianças particularmente expostas a riscos e entrar em contato direto com elas; e

(e) levar em consideração a situação especial das meninas.

3. Todo país-membro designará a autoridade competente responsável pela aplicação das disposições que dão efeito a esta Convenção.

Artigo 8º

Os países-membros tomarão as devidas providências para se ajudarem mutuamente na aplicação das disposições desta Convenção por meio de maior cooperação e/ou assistência internacionais, incluindo o apoio ao desenvolvimento social e econômico, aos programas de erradicação da pobreza e à educação universal.

Artigo 9º

As ratificações formais desta Convenção serão comunicadas, para registro, ao Diretor-Geral do Secretariado da Organização Internacional do Trabalho.

Artigo 10

1. Esta Convenção obrigará unicamente os países-membros da Organização Internacional do Trabalho cujas ratificações tiverem sido registradas pelo Diretor-Geral do Secretariado da Organização Internacional do Trabalho.

2. A presente Convenção entrará em vigor doze meses após a data de registro, pelo Diretor-Geral, das ratificações de dois países-membros.

3. A partir daí, esta Convenção entrará em vigor, para todo país-membro, doze meses após a data do registro de sua ratificação.

Artigo 11

1. O país-membro que tiver ratificado esta Convenção poderá denunciá-la ao fim de um período de dez anos a contar da data em que a Convenção entrou em vigor pela primeira vez, por meio de comunicação, para registro, ao Diretor-Geral do Secretariado da Organização Internacional do Trabalho. A denúncia só terá efeito um ano após a data de seu registro.

2. Todo país-membro que tiver ratificado esta Convenção e que, no prazo de um ano, após expirado o período de dez anos referido no parágrafo anterior, não tiver exercido o direito de denúncia disposto neste Artigo, ficará obrigado a um novo período de dez anos e, daí por diante, poderá denunciar esta Convenção ao final de cada período de dez anos, nos termos deste Artigo.

Artigo 12

1. O Diretor-Geral do Secretariado da Organização Internacional do Trabalho dará ciência, aos países-membros da Organização Internacional do Trabalho, do registro de todas as ratificações, declarações e atos de denúncia que lhe forem comunicados pelos países-membros da Organização.

2. Ao notificar os países-membros da Organização sobre o registro da segunda ratificação que tenha sido comunicada, o Diretor-Geral lhes chamará a atenção para a data em que a Convenção entrará em vigor.

Artigo 13

O Diretor-Geral do Secretariado da Organização Internacional do Trabalho comunicará ao Secretário-Geral das Nações Unidas, para registro, nos termos do Art. 102 da Carta das Nações Unidas, informações circunstanciadas sobre todas as ratificações, declarações e atos de denúncia por ele registrados, conforme o disposto nos artigos anteriores.

Artigo 14

O Conselho de Administração do Secretariado da Organização Internacional do Trabalho, quando julgar necessário, apresentará à Conferência Geral relatório sobre a aplicação desta Convenção e examinará a conveniência de incluir na ordem do dia da Conferência a questão de sua revisão total ou parcial.

Artigo 15

1. Caso a Conferência venha a adotar uma nova Convenção que reveja a presente, total ou parcialmente, a menos que a nova Convenção disponha de outro modo,

(a) a ratificação da nova Convenção revista por um país-membro implicará ipso jure a denúncia imediata desta Convenção, não obstante as disposições do Art. 11 acima, se e quando a nova Convenção revista tiver entrado em vigor;

(b) esta Convenção deixará de estar sujeita a ratificação pelos países-membros a partir do momento da entrada em vigor da Convenção revista.

2. Esta Convenção permanecerá, porém, em vigor, na sua forma atual e conteúdo, para os países-membros que a ratificaram mas não tiverem ratificado a Convenção revista.

Artigo 16

As versões em inglês e francês do texto desta Convenção são igualmente oficiais.

LEI DO MANDADO DE SEGURANÇA

LEI N. 12.016, DE 7 DE AGOSTO DE 2009 (DOU de 10 de agosto de 2009)

Disciplina o mandado de segurança individual e coletivo e dá outras providências.

O PRESIDENTE DA REPÚBLICA Faço saber que o Congresso Nacional decreta e eu sanciono a seguinte Lei:

Art. 1º Conceder-se-á mandado de segurança para proteger direito líquido e certo, não amparado por *habeas corpus* ou *habeas data*, sempre que, ilegalmente ou com abuso de poder, qualquer pessoa física ou jurídica sofrer violação ou houver justo receio de sofrê-la por parte de autoridade, seja de que categoria for e sejam quais forem as funções que exerça.

§ 1º Equiparam-se às autoridades, para os efeitos desta Lei, os representantes ou órgãos de partidos políticos e os administradores de entidades autárquicas, bem como os dirigentes de pessoas jurídicas ou as pessoas naturais no exercício de atribuições do poder público, somente no que disser respeito a essas atribuições.

§ 2º Não cabe mandado de segurança contra os atos de gestão comercial praticados pelos administradores de empresas públicas, de sociedade de economia mista e de concessionárias de serviço público.

§ 3º Quando o direito ameaçado ou violado couber a várias pessoas, qualquer delas poderá requerer o mandado de segurança.

Art. 2º Considerar-se-á federal a autoridade coatora se as consequências de ordem patrimonial do ato contra o qual se requer o mandado houverem de ser suportadas pela União ou entidade por ela controlada.

Art. 3º O titular de direito líquido e certo decorrente de direito, em condições idênticas, de terceiro poderá impetrar mandado de segurança a favor do direito originário, se o seu titular não o fizer, no prazo de 30 (trinta) dias, quando notificado judicialmente.

Parágrafo único. O exercício do direito previsto no *caput* deste artigo submete-se ao prazo fixado no art. 23 desta Lei, contado da notificação.

Art. 4º Em caso de urgência, é permitido, observados os requisitos legais, impetrar mandado de segurança por telegrama, radiograma, fax ou outro meio eletrônico de autenticidade comprovada.

§ 1º Poderá o juiz, em caso de urgência, notificar a autoridade por telegrama, radiograma ou outro meio que assegure a autenticidade do documento e a imediata ciência pela autoridade.

§ 2º O texto original da petição deverá ser apresentado nos 5 (cinco) dias úteis seguintes.

§ 3º Para os fins deste artigo, em se tratando de documento eletrônico, serão observadas as regras da Infraestrutura de Chaves Públicas Brasileira — ICP-Brasil.

Art. 5º Não se concederá mandado de segurança quando se tratar:

I — de ato do qual caiba recurso administrativo com efeito suspensivo, independentemente de caução;

II — de decisão judicial da qual caiba recurso com efeito suspensivo;

III — de decisão judicial transitada em julgado.

Parágrafo único. (VETADO)

Art. 6º A petição inicial, que deverá preencher os requisitos estabelecidos pela lei processual, será apresentada em 2 (duas) vias com os documentos que instruírem a primeira reproduzidos na segunda e indicará, além da autoridade coatora, a pessoa jurídica que esta integra, à qual se acha vinculada ou da qual exerce atribuições.

§ 1º No caso em que o documento necessário à prova do alegado se ache em repartição ou estabelecimento público ou em poder de autoridade que se recuse a fornecê-lo por certidão ou de terceiro, o juiz ordenará, preliminarmente, por ofício, a exibição desse documento em original ou em cópia autêntica e marcará, para o cumprimento da ordem, o prazo de 10 (dez) dias. O escrivão extrairá cópias do documento para juntá-las à segunda via da petição.

§ 2º Se a autoridade que tiver procedido dessa maneira for a própria coatora, a ordem far-se-á no próprio instrumento da notificação.

§ 3º Considera-se autoridade coatora aquela que tenha praticado o ato impugnado ou da qual emane a ordem para a sua prática.

§ 4º (VETADO)

§ 5º Denega-se o mandado de segurança nos casos previstos pelo art. 267 da Lei n. 5.869, de 11 de janeiro de 1973 – Código de Processo Civil.

§ 6º O pedido de mandado de segurança poderá ser renovado dentro do prazo decadencial, se a decisão denegatória não lhe houver apreciado o mérito.

Art. 7º Ao despachar a inicial, o juiz ordenará:

I – que se notifique o coator do conteúdo da petição inicial, enviando-lhe a segunda via apresentada com as cópias dos documentos, a fim de que, no prazo de 10 (dez) dias, preste as informações;

II – que se dê ciência do feito ao órgão de representação judicial da pessoa jurídica interessada, enviando-lhe cópia da inicial sem documentos, para que, querendo, ingresse no feito;

III – que se suspenda o ato que deu motivo ao pedido, quando houver fundamento relevante e do ato impugnado puder resultar a ineficácia da medida, caso seja finalmente deferida, sendo facultado exigir do impetrante caução, fiança ou depósito, com o objetivo de assegurar o ressarcimento à pessoa jurídica.

§ 1º Da decisão do juiz de primeiro grau que conceder ou denegar a liminar caberá agravo de instrumento, observado o disposto na Lei n. 5.869, de 11 de janeiro de 1973 – Código de Processo Civil.

§ 2º Não será concedida medida liminar que tenha por objeto a compensação de créditos tributários, a entrega de mercadorias e bens provenientes do exterior, a reclassificação ou equiparação de servidores públicos e a concessão de aumento ou a extensão de vantagens ou pagamento de qualquer natureza.

§ 3º Os efeitos da medida liminar, salvo se revogada ou cassada, persistirão até a prolação da sentença.

§ 4º Deferida a medida liminar, o processo terá prioridade para julgamento.

§ 5º As vedações relacionadas com a concessão de liminares previstas neste artigo se estendem à tutela antecipada a que se referem os arts. 273 e 461 da Lei n. 5.869, de 11 janeiro de 1973 – Código de Processo Civil.

Art. 8º Será decretada a perempção ou caducidade da medida liminar *ex officio* ou a requerimento do Ministério Público quando, concedida a medida, o impetrante criar obstáculo ao normal andamento do processo ou deixar de promover, por mais de 3 (três) dias úteis, os atos e as diligências que lhe cumprirem.

Art. 9º As autoridades administrativas, no prazo de 48 (quarenta e oito) horas da notificação da medida liminar, remeterão ao Ministério ou órgão a que se acham subordinadas e ao Advogado-Geral da União ou a quem tiver a representação judicial da União, do Estado, do Município ou da entidade apontada como coatora cópia autenticada do mandado notificatório, assim como indicações e elementos outros necessários às providências a serem tomadas para a eventual suspensão da medida e defesa do ato apontado como ilegal ou abusivo de poder.

Art. 10. A inicial será desde logo indeferida, por decisão motivada, quando não for o caso de mandado de segurança ou lhe faltar algum dos requisitos legais ou quando decorrido o prazo legal para a impetração.

§ 1º Do indeferimento da inicial pelo juiz de primeiro grau caberá apelação e, quando a competência para o julgamento do mandado de segurança couber originariamente a um dos tribunais, do ato do relator caberá agravo para o órgão competente do tribunal que integre.

§ 2º O ingresso de litisconsorte ativo não será admitido após o despacho da petição inicial.

Art. 11. Feitas as notificações, o serventuário em cujo cartório corra o feito juntará aos autos cópia autêntica dos ofícios endereçados ao coator e ao órgão de representação judicial da pessoa jurídica interessada, bem como a prova da entrega a estes ou da sua recusa em aceitá-los ou dar recibo e, no caso do art. 4º desta Lei, a comprovação da remessa.

Art. 12. Findo o prazo a que se refere o inciso I do *caput* do art. 7º desta Lei, o juiz ouvirá o representante do Ministério Público, que opinará, dentro do prazo improrrogável de 10 (dez) dias.

Parágrafo único. Com ou sem o parecer do Ministério Público, os autos serão conclusos ao juiz, para a decisão, a qual deverá ser necessariamente proferida em 30 (trinta) dias.

Art. 13. Concedido o mandado, o juiz transmitirá em ofício, por intermédio do oficial do juízo, ou pelo correio, mediante correspondência com aviso de recebimento, o inteiro teor da sentença à autoridade coatora e à pessoa jurídica interessada.

Parágrafo único. Em caso de urgência, poderá o juiz observar o disposto no art. 4º desta Lei.

Art. 14. Da sentença, denegando ou concedendo o mandado, cabe apelação.

§ 1º Concedida a segurança, a sentença estará sujeita obrigatoriamente ao duplo grau de jurisdição.

§ 2º Estende-se à autoridade coatora o direito de recorrer.

§ 3º A sentença que conceder o mandado de segurança pode ser executada provisoriamente, salvo nos casos em que for vedada a concessão da medida liminar.

§ 4º O pagamento de vencimentos e vantagens pecuniárias assegurados em sentença concessiva de mandado de segurança a servidor público da administração direta ou autárquica federal, estadual e municipal somente será efetuado relativamente às prestações que se vencerem a contar da data do ajuizamento da inicial.

Art. 15. Quando, a requerimento de pessoa jurídica de direito público interessada ou do Ministério Público e para evitar grave lesão à ordem, à saúde, à segurança e à economia públicas, o presidente do tribunal ao qual couber o conhecimento do respectivo recurso suspender, em decisão fundamentada, a execução da liminar e da sentença, dessa decisão caberá agravo, sem efeito suspensivo, no prazo de 5 (cinco) dias, que será levado a julgamento na sessão seguinte à sua interposição.

§ 1º Indeferido o pedido de suspensão ou provido o agravo a que se refere o *caput* deste artigo, caberá novo pedido de suspensão ao presidente do tribunal competente para conhecer de eventual recurso especial ou extraordinário.

§ 2º É cabível também o pedido de suspensão a que se refere o § 1º deste artigo, quando negado provimento a agravo de instrumento interposto contra a liminar a que se refere este artigo.

§ 3º A interposição de agravo de instrumento contra liminar concedida nas ações movidas contra o poder público e seus agentes não prejudica nem condiciona o julgamento do pedido de suspensão a que se refere este artigo.

§ 4º O presidente do tribunal poderá conferir ao pedido efeito suspensivo liminar se constatar, em juízo prévio, a plausibilidade do direito invocado e a urgência na concessão da medida.

§ 5º As liminares cujo objeto seja idêntico poderão ser suspensas em uma única decisão, podendo o presidente do tribunal estender os efeitos da suspensão a liminares supervenientes, mediante simples aditamento do pedido original.

Art. 16. Nos casos de competência originária dos tribunais, caberá ao relator a instrução do processo, sendo assegurada a defesa oral na sessão do julgamento.

Parágrafo único. Da decisão do relator que conceder ou denegar a medida liminar caberá agravo ao órgão competente do tribunal que integre.

Art. 17. Nas decisões proferidas em mandado de segurança e nos respectivos recursos, quando não publicado, no prazo de 30 (trinta) dias, contado da data do julgamento, o acórdão será substituído pelas respectivas notas taquigráficas, independentemente de revisão.

Art. 18. Das decisões em mandado de segurança proferidas em única instância pelos tribunais cabe recurso especial e extraordinário, nos casos legalmente previstos, e recurso ordinário, quando a ordem for denegada.

Art. 19. A sentença ou o acórdão que denegar mandado de segurança, sem decidir o mérito, não impedirá que o requerente, por ação própria, pleiteie os seus direitos e os respectivos efeitos patrimoniais.

Art. 20. Os processos de mandado de segurança e os respectivos recursos terão prioridade sobre todos os atos judiciais, salvo *habeas corpus*.

§ 1º Na instância superior, deverão ser levados a julgamento na primeira sessão que se seguir à data em que forem conclusos ao relator.

§ 2º O prazo para a conclusão dos autos não poderá exceder de 5 (cinco) dias.

Art. 21. O mandado de segurança coletivo pode ser impetrado por partido político com representação no Congresso Nacional, na defesa de seus interesses legítimos relativos a seus integrantes ou à finalidade partidária, ou por organização sindical, entidade de classe ou associação legalmente constituída e em funcionamento há, pelo menos, 1 (um) ano, em defesa de direitos líquidos e certos da totalidade, ou de parte, dos seus membros ou associados, na forma dos seus estatutos e desde que pertinentes às suas finalidades, dispensada, para tanto, autorização especial.

Parágrafo único. Os direitos protegidos pelo mandado de segurança coletivo podem ser:

I — coletivos, assim entendidos, para efeito desta Lei, os transindividuais, de natureza indivisível, de que seja titular grupo ou categoria de pessoas ligadas entre si ou com a parte contrária por uma relação jurídica básica;

II — individuais homogêneos, assim entendidos, para efeito desta Lei, os decorrentes de origem comum e da atividade ou situação específica da totalidade ou de parte dos associados ou membros do impetrante.

Art. 22. No mandado de segurança coletivo, a sentença fará coisa julgada limitadamente aos membros do grupo ou categoria substituídos pelo impetrante.

§ 1º O mandado de segurança coletivo não induz litispendência para as ações individuais, mas os efeitos da coisa julgada não beneficiarão o impetrante a título individual se não requerer a desistência de seu mandado de segurança no prazo de 30 (trinta) dias a contar da ciência comprovada da impetração da segurança coletiva.

§ 2º No mandado de segurança coletivo, a liminar só poderá ser concedida após a audiência do representante judicial da pessoa jurídica de direito público, que deverá se pronunciar no prazo de 72 (setenta e duas) horas.

Art. 23. O direito de requerer mandado de segurança extinguir-se-á decorridos 120 (cento e vinte) dias, contados da ciência, pelo interessado, do ato impugnado.

Art. 24. Aplicam-se ao mandado de segurança os arts. 46 a 49 da Lei n. 5.869, de 11 de janeiro de 1973 — Código de Processo Civil.

Art. 25. Não cabem, no processo de mandado de segurança, a interposição de embargos infringentes e a condenação ao pagamento dos honorários advocatícios, sem prejuízo da aplicação de sanções no caso de litigância de má-fé.

Art. 26. Constitui crime de desobediência, nos termos do art. 330 do Decreto-Lei n. 2.848, de 7 de dezembro de 1940, o não cumprimento das decisões proferidas em mandado de segurança, sem prejuízo das sanções administrativas e da aplicação da Lei n. 1.079, de 10 de abril de 1950, quando cabíveis.

Art. 27. Os regimentos dos tribunais e, no que couber, as leis de organização judiciária deverão ser adaptados às disposições desta Lei no prazo de 180 (cento e oitenta) dias, contado da sua publicação.

Art. 28. Esta Lei entra em vigor na data de sua publicação.

Art. 29. Revogam-se as Leis ns. 1.533, de 31 de dezembro de 1951, 4.166, de 4 de dezembro de 1962, 4.348, de 26 de junho de 1964, 5.021, de 9 de junho de 1966; o art. 3º da Lei n. 6.014, de 27 de dezembro de 1973, o art. 1º da Lei n. 6.071, de 3 de julho de 1974, o art. 12 da Lei n. 6.978, de 19 de janeiro de 1982, e o art. 2º da Lei n. 9.259, de 9 de janeiro de 1996.

Brasília, 7 de agosto de 2009; 188º da Independência e 121º da República.

LUIZ INÁCIO LULA DA SILVA
Tarso Genro
José Antonio Dias Toffoli

SÚMULAS DO TRIBUNAL SUPERIOR DO TRABALHO
SOBRE MANDADO DE SEGURANÇA

33. MANDADO DE SEGURANÇA. DECISÃO JUDICIAL TRANSITADA EM JULGADO — Res. 121/2003, DJ 19, 20 e 21.11.2003

Não cabe mandado de segurança de decisão judicial transitada em julgado.

201. RECURSO ORDINÁRIO EM MANDADO DE SEGURANÇA — Res. 121/2003, DJ 19, 20 e 21.11.2003

Da decisão de Tribunal Regional do Trabalho em mandado de segurança cabe recurso ordinário, no prazo de 8 (oito) dias, para o Tribunal Superior do Trabalho, e igual dilação para o recorrido e interessados apresentarem razões de contrariedade.

303. FAZENDA PÚBLICA. DUPLO GRAU DE JURISDIÇÃO — Res. 129/2005, DJ 20, 22 e 25.04.2005

I — Em dissídio individual, está sujeita ao duplo grau de jurisdição, mesmo na vigência da CF/1988, decisão contrária à Fazenda Pública, salvo:

a) quando a condenação não ultrapassar o valor correspondente a 60 (sessenta) salários mínimos;

b) quando a decisão estiver em consonância com decisão plenária do Supremo Tribunal Federal ou com súmula ou orientação jurisprudencial do Tribunal Superior do Trabalho.

II — Em ação rescisória, a decisão proferida pelo juízo de primeiro grau está sujeita ao duplo grau de jurisdição obrigatório quando desfavorável ao ente público, exceto nas hipóteses das alíneas "a" e "b" do inciso anterior.

III — Em mandado de segurança, somente cabe remessa *ex officio* se, na relação processual, figurar pessoa jurídica de direito público como parte prejudicada pela concessão da ordem. Tal situação não ocorre na hipótese de figurar no feito como impetrante e terceiro interessado pessoa de direito privado, ressalvada a hipótese de matéria administrativa.

365. ALÇADA. AÇÃO RESCISÓRIA E MANDADO DE SEGURANÇA — Res. 129/2005, DJ 20, 22 e 25.04.2005

Não se aplica a alçada em ação rescisória e em mandado de segurança.

397. AÇÃO RESCISÓRIA. ART. 485, IV, DO CPC. AÇÃO DE CUMPRIMENTO. OFENSA À COISA JULGADA EMANADA DE SENTENÇA NORMATIVA MODIFICADA EM GRAU DE RECURSO. INVIABILIDADE. CABIMENTO DE MANDADO DE SEGURANÇA — Res. 137/2005, DJ 22, 23 e 24.08.2005

Não procede ação rescisória calcada em ofensa à coisa julgada perpetrada por decisão proferida em ação de cumprimento, em face de a sentença normativa, na qual se louvava, ter sido modificada em grau de recurso, porque em dissídio coletivo somente se consubstancia coisa julgada formal. Assim, os meios processuais aptos a atacarem a execução da cláusula reformada são a exceção de pré-executividade e o mandado de segurança, no caso de descumprimento do art. 572 do CPC.

414. MANDADO DE SEGURANÇA. ANTECIPAÇÃO DE TUTELA (OU LIMINAR) CONCEDIDA ANTES OU NA SENTENÇA — Res. 137/2005, DJ 22, 23 e 24.08.2005

I — A antecipação da tutela concedida na sentença não comporta impugnação pela via do mandado de segurança, por ser impugnável mediante recurso ordinário. A ação cautelar é o meio próprio para se obter efeito suspensivo a recurso.

II — No caso da tutela antecipada (ou liminar) ser concedida antes da sentença, cabe a impetração do mandado de segurança, em face da inexistência de recurso próprio.

III — A superveniência da sentença, nos autos originários, faz perder o objeto do mandado de segurança que impugnava a concessão da tutela antecipada (ou liminar).

415. MANDADO DE SEGURANÇA. ART. 284 DO CPC. APLICABILIDADE — Res. 137/2005, DJ 22, 23 e 24.08.2005

Exigindo o mandado de segurança prova documental pré-constituída, inaplicável se torna o art. 284 do CPC quando verificada, na petição inicial do "mandamus", a ausência de documento indispensável ou de sua autenticação.

416. MANDADO DE SEGURANÇA. EXECUÇÃO. LEI N. 8.432/1992. ART. 897, § 1º, DA CLT. CABIMENTO — Res. 137/2005, DJ 22, 23 e 24.08.2005

Devendo o agravo de petição delimitar justificadamente a matéria e os valores objeto de discordância, não fere direito líquido e certo o prosseguimento da execução quanto aos tópicos e valores não especificados no agravo.

417. MANDADO DE SEGURANÇA. PENHORA EM DINHEIRO — Res. 137/2005, DJ 22, 23 e 24.08.2005

I — Não fere direito líquido e certo do impetrante o ato judicial que determina penhora em dinheiro do executado, em execução definitiva, para garantir crédito exequendo, uma vez que obedece à gradação prevista no art. 655 do CPC.

II — Havendo discordância do credor, em execução definitiva, não tem o executado direito líquido e certo a que os valores penhorados em dinheiro fiquem depositados no próprio banco, ainda que atenda aos requisitos do art. 666, I, do CPC.

III — Em se tratando de execução provisória, fere direito líquido e certo do impetrante a determinação de penhora em dinheiro, quando nomeados outros bens à penhora, pois o executado tem direito a que a execução se processe da forma que lhe seja menos gravosa, nos termos do art. 620 do CPC.

418. MANDADO DE SEGURANÇA VISANDO À CONCESSÃO DE LIMINAR OU HOMOLOGAÇÃO DE ACORDO — Res. 137/2005, DJ 22, 23 e 24.08.2005

A concessão de liminar ou a homologação de acordo constituem faculdade do juiz, inexistindo direito líquido e certo tutelável pela via do mandado de segurança.

425. *JUS POSTULANDI* NA JUSTIÇA DO TRABALHO. ALCANCE — Res. 165/2010, DeJT divulgado em 30.04.2010 e 03 e 04.05.2010

O *jus postulandi* das partes, estabelecido no art. 791 da CLT, limita-se às Varas do Trabalho e aos Tribunais Regionais do Trabalho, não alcançando a ação rescisória, a ação cautelar, o mandado de segurança e os recursos de competência do Tribunal Superior do Trabalho.

Produção Gráfica e Editoração Eletrônica: **RLUX**
Projeto de Capa: **FÁBIO GIGLIO**
Impressão: **AM PRODUÇÕES GRÁFICAS**

LTr
LOJA VIRTUAL
www.ltr.com.br

LTr
BIBLIOTECA DIGITAL
www.ltrdigital.com.br